文春文庫

発達障害者が旅をすると世界はどう見えるのか

イスタンブールで青に溺れる

横道誠

文藝春秋

「山の上の空が
まっ青だ
雲が一つ浮んで
まっ青だ」

（原民喜「夏」
2015: 105）

はじめに

僕がこれまで何か国を旅してきたのか、改めて数えあげてみたい。

日本、台湾（中華民国）、大韓民国、中華人民共和国、ミャンマー、タイ、ヴェトナム、シンガポール、インドネシア、フィリピン、アメリカ、アイルランド、イギリス、ノルウェー、スウェーデン、フィンランド、デンマーク、ドイツ、オランダ、ベルギー、ルクセンブルク、フランス、スペイン、ポルトガル、モナコ、スイス、リヒテンシュタイン、オーストリア、イタリア、ヴァティカン市国、ギリシア、ブルガリア、セルビア、クロアチア、ルーマニア、ハンガリー、チェコ、スロヴァキア、ポーランド、リトアニア、ラトヴィア、エストニア、ロシア、トルコ、エジプト、モロッコ。

あわせて四六か国。初の著書『みんな水の中――「発達障害」自助グループの文学研究者はどんな世界に棲んでいるか』（医学書院）では、五〇か国以上を旅してきたと書いてしまったけれど、あと一歩およばなかった。訪れた街の数で言えば、どのくらいの数になるのかわからない。本書は、このなかから二五の街と地域を選んだ回想録的紀行として編まれた。

僕は、いわゆる発達障害者だ。具体的には自閉スペクトラム症（ＡＳＤ）と注意欠如・多動症（ADHD）を診断されている。発達性協調運動症（DCD）の傾向もある。そして、現実体験に幻想の要素が混入する解離と呼ばれる精神現象もデフォルトで備わっている。

（1）自閉スペクトラム症による他者からの断絶感や（2）非定型的な想像力、（3）この障害によく付随する聴覚情報処理障害（APD）による世界が泡立つ感覚、（4）自閉スペクトラム症者に多い「青」への惹かれやすさ、（5）注意欠如・多動症の「脳内多動」による朦朧《もうろう》感、（6）発達性協調運動症による体さばきの難しさ、（7）そして解離による幻想感覚。これらが総合されて、「みんな水の中」と感じながら日々の生活を送っている。

発達障害は、先天的に脳神経の形成が多数派とは異なるという「障害」で、「病気」とは異なって治療法が存在しない。現状では自閉スペクトラム「症」、注意欠如・多動「症」などと呼ばれているが、「症」は病気を意味するから適切な用語とは言えず、その意味で旧称の「自閉症スペクトラム障害」や「注意欠陥・多動性障害」のほうが適切な名称だったかもしれない。

ところで「障害」というものに関して、現在でもいわゆる「医学モデル」と呼ばれる素朴な受けとめ方が影響力を失っていない。医学モデルとは、障害の原因を身体的器質に見る考え方で、聴覚障害者の例で言えば、耳が聞こえない当事者に障害の発生源があると考える。でも現在は、「社会モデル」による障害理解が支持を広げている。これは、障害の原因を社会の側に見る考え方で、聴覚障害者の例で言えば、耳が聞こえない当事者が生きづらい環境しか提供できない社会の側に障害の発生源があると考える。

この社会モデルの考え方を採るならば、発達障害者を障害者たらしめているのは、社会の側だということになる。そして、発達障害者を本質的な意味での「障害者」だと考える立場から解放されれば、自閉症者の権利要求運動から現れた「脳の多様性」(ニューロダイバーシティ)という思想も受けいれやすくなると思う。それは、人類はみな「脳の多様性」を生きていて、発達障害者は「脳の少数派」(ニューロマイノリティ)、発達障害のない定型発達者は「脳の多数派」(ニューロマジョリティ)に属すると見なす思考様式だ。

僕は、自分の過去に体験した海外旅行について(最後だけ国内旅行)、本書に記述してみた。僕が熱心に海外を旅したのは二〇代後半から三〇歳前後のこと、つまりいまから一〇年以上前のことだから、本書は青春の記録にもなっている。

発達障害の診断を受けてから、当事者研究(自分の疾患や障害を仲間と共同研究することで、生きづらさを軽減させる精神療法)に取りくんだ僕は、本書を書きながら、自分に何が起こっていたのかを、遅ればせながら理解できるようになっていった。当事者研究の知見を利用した紀行の執筆。だから、この書は「当事者紀行」とも呼ぶべき新しいジャンルの可能性を開いている。ここに、本書の人文書としての最大の意義があるだろう。

本書はさまざまな文学と芸術（ポップカルチャーの創作物を含む）によって彩られている。なぜだろうか。「みんな水の中」と感じている僕に、精神の「快晴」を与えてくれるのが、自然と人工の圧倒的景観や、愛着を抱いた文学・芸術作品だからだ。

僕はいつも、ほかの多くの人よりも風景や創作物に激しく揺さぶられている気がしていたけれど、それが誤解でないならば、その理由は僕が発達障害を宿しているからだと思う。この障害が立ちあげる「みんな水の中」の体験世界に包まれ、生きているからこそ、それが解消される特権的な瞬間に、心身が激しく揺さぶられるのではないか。僕がどこに行っても青い美しいものを探してしまうのは、ふだんのくぐもった「みんな水の中」の状態を破砕する契機を求めているからだ。そんないわば〝純粋水〟の体験が、僕の人生に新しい息吹を吹きこんでくれる。

それならば発達障害の諸特性は、単純に厄介なものや、克服すべきものという否定的な位置づけをされるべきではないかもしれない。それらは僕の心の扉を開いて、豊饒なイメージを湧きたたせ、その水流は僕を未知のワンダーランドへと解きはなってくれる。そうして精神の新たな可能性が開示されることになるのだ。

世界各地の多彩な街を旅するたびに、あるいは旅を思い返すたびに、僕が親しんできた世界文学のさまざまな場面が二重写しの像を投げかけてくる。だから僕のこの世界周航記は、「世界文学の体験記」とも言える。旅に関して思い返されてくるのは、必ずしも楽しいこと、愉快なことばかりではない。けれども、それらの楽しくない、あるいは不愉快な思い出たちも、苦しく閉ざされた、疲労感の多い日常を突きやぶる契機を有しているはずだ。

本書に書かれている内容は、僕自身のきわめて個人的な体験にもとづく思いのあれこればかりだけれど、僕の考察が読者の参考になれば、ありがたい。発達障害の当事者は、障害との付き合い方、いなし方へのヒントを見つけることができるかもしれない。「普通の人たち」、定型発達者には、発達障害に対する認識を更新する機会となれば、うれしく思う。

目次

II　うねる想像力の彼方へ

III あなたのとなりで異界が開く

単行本　二〇二二年四月　文藝春秋刊

デザイン　鈴木千佳子
DTP　ディグ

発達障害者が旅をすると世界はどう見えるのか

イスタンブールで青に溺れる

発賣頒布者吉岡書房

　　　世界日のかくれ見ろ

I

ゆらめく世界

一　永劫回帰する光景　ウィーン

オーストリアの首都、ウィーンは僕にとって、初めての海外旅行の目的地だった。二〇〇〇年代後半の僕は京都大学の大学院で、二〇世紀のオーストリアの作家ローベルト・ムージルを研究していた。その代表作『特性のない男』は、第一次世界大戦前夜のウィーン社会を絶妙に写しとっていると評判が高く、オーストリア文化史に関する歴史研究で引用されることも多い。そこで僕は、この街で初めての海外体験を得ようと考えたのだ。季節は秋だった。

ウィーンに到着した飛行機から降り、ターンテーブルからトランクを受けとり、ゲートを出る。そうするとドイツ語がほうぼうから発せられている。音が反響しあって洪水のようだ。空港のこのような音響空間に接するたびに、僕にはモダンジャズが連想される。ビバップ、ハード・バップ、モード・ジャズなどの煌《きら》めくような音の星屑。しかしそれらはよそよそしい異世界のものだと感じられる。

朦朧《もうろう》としながらも、衝動性が突きあげてくる。僕はいつもそうだ。圧倒的な情報量に翻弄され、世界に向かって投げだされてしまうと、今度は爆発的な行動力が生まれる。だから僕は、ドイツの哲学者マルティン・ハイデガーが『存在と時間』で（ざっくり言えば）人間はそのつどの状況に投げいれられつつ、込みあげる決意によって状況に向かって開かれていく存在者だと論じたことに、説得力を感じる。早速、僕は近くの売店へと駆けてゆき、買い物に挑戦しはじめた。ドイツ語を初めて学んでから一〇年ほどが過ぎていた。その真価を試すべきときが来た。

手掴みできる小さなチョコレート菓子をいくつか握りしめて、カウンターに持っていく。店員のおばさんが商品のバーコードを機械で読みとって、レジに表示された値段を言う。値段を言っているのだろうということは状況から判断できる。でも、その数字が聴きとれない。ドイツ語がまったくわからないのだ。ドイツ語ってこんな響きの言語だったのか？

僕は顔を歪めて、「すみません、もう一度」を意味する「ビッテ？」と口にした。するとおばさんは口をへの字に曲げて僕を見つめ、大きな声で「トゥーユーロ、フォーティー」と英語で言った。僕は財布のなかから「二ユーロ四〇セント」を即座に取りだせる自信がなかったから、紙幣で払おうと思った。五〇ユーロ札なら確実にお釣りがくるだろう。日本円の五〇〇〇円から六〇〇〇円くらいの価値がある紙幣だ。

僕は五〇ユーロ札を台の上に置いた。しかし相手は何かわからないことを言っている。

しばらく聞いていると、「ドゥーユーハヴ、ファイヴユーロ？　テンユーロ？　トゥエンティユーロ？」などと言っていた。なるほど、もっと少ない額の紙幣が良いと要求しているのか。僕は五〇ユーロ札を財布に戻して、新たに一〇ユーロ札を置いた。相手は大きくうなずいて、それをサッとつまんでレジに収めた。僕はお釣りを受けとって、敗北感に浸りながらその場を離れた。

これが僕と海外の世界との、ファーストコンタクトだった。僕は学部生のときに、ドイツ語を母語話者から習う機会に恵まれなかった。大学院時代、裕福な実家から通っている人たちは、ドイツ語学習のための公的機関ゲーテ・インスティトゥートに通って、高価な学費を払いながら、実力を蓄えていた。でも僕は苦学生だった。実家は二〇歳のときに破産し、大学には日本育英会（日本学生支援機構の前身）の奨学金を借りて通い、学部でも修士課程でも授業料を免除してもらいつづけ、博士課程では日本学術振興会の特別研究員に採用されて、生活費と研究費を受給しながら生きていた。

そんな僕にできることは、大学周辺で発見したF1ドライバーのミヒャエル・シューマッハーに少し似たバックパッカーのドイツ人に毎週二時間五〇〇〇円を払ってドイツ語を習うことだった。でも、バックパッカーでありながら日本にもう何年も滞在しているると語るそのドイツ人は、教師として失格の人だった。彼はドイツ語を教えるためのいかなる資格も免許も持っていなかったし、授業で厳しい態度を取って顧客が離れることを恐れ、生徒を甘やかすことばかりに熱心だった。僕が何かを話すたびに、それがどれだけ不充分なドイツ語でも鷹揚《おうよう》だった。聞き手が寛大で、理解する気があれば、僕のドイツ語が完璧でなくても大意を理解してもらえる、それで問題ないと言っていた。その態度が僕には当初は「ありがたい、優しい」と思えたのだけれど、一年半ほど教わるなかで次第に「ほんとうにこれで大丈夫なのか」と疑われてきた。そして、その不安はやはり的中した。現地のドイツ語話者は、日本人の発音に慣れた彼ほど、東アジア人の訛りに通じていないのだから。

正直に言うと、僕は日本語でも音声がわからないことが折々ある。音は聞こえていても意味がわからないのだ。僕はいまでは発達障害者のための自助グループをいくつも主宰しているから、多くの自閉スペクトラム症者には聴覚情報処理障害があることを知っている。聴音に対する当事者の解像度が高すぎて、押しよせる無数の音を処理できなくなり、パンクしてしまうのだ。僕にもこれがあるのだが、僕が海外旅行を頻繁にしていたころは、自分が発達障害者だということも、聴覚情報処理障害のことも何も知らなかった。ただ音像の洪水に煽《あお》られ、桃のようにどんぶらこ、どんぶらこと流されてゆく。ドイツ語は聞こえているのだけれど、頭の処理が追いつかない。普通の人が機転を利かせて「勘」で乗りこえる場面でも、僕は「普通」ではないから勘を働かせられない。

いずれにせよ、こうして僕のウィーン滞在は始まった。ホテルは地下鉄ケッテンブリュッケンガッセ駅（「鎖橋通り」という名前がカッコ良い！）近くの安いところ。ベッドは固い。浴槽は小さい。朝の食事はパンとマーガリンと苺ジャムとサラダという簡素なものだったけど、僕は満足していた。海外に来てホテルに泊まるということが、僕の人生では画期的な出来事だったからだ。僕はホテルで『地球の歩き方』を読み、単独での観光に備えた。そして、ホテルから少し北西に行ったところにあるナッシュマルクトという生鮮食品市場で買い物に再挑戦した。

ウィーンに滞在する人の多くはオペラやチョコレート菓子を楽しみにする。でも僕はオペラは苦手だった。灰野敬二のドイツ表現主義的な絶叫や、After Dinner の Haco の朗々とした歌声を聴きながら、これがポップ音楽革命以降のオペラなのだ！　と独断的に考えていた。またドレスコードを恐れすぎて、オペラを観劇したいという思いが湧かない。じつに長いあいだ、僕はオペラから逃げまわっていたし、名産のチョコレート菓子にも食指が動かなかった。僕はチョコレートがおいしいのは二〇〇円ほどの価格帯までで、それを超えると苦味などを工夫して、味わいをひねくりまわしていると信じていた。「チョコレートはただ甘ければいい。苦さを楽しむなんて、僕はそんな横道には逸れないぞ！」と僕は、自分の苗字をもじって、ひとりごとをつぶやいていた。ほんとうはちょっと食べてみたい気持ちもあったものの、店に入るのにもドレスコードが必要なのだろうと決めつけて、逃げまわっていた。

　ウィーンで僕は、毎日のように屋台のシュニッツェルを食べた。シュニッツェルとは、牛カツ、豚カツ、鶏カツのことだ。日本の食べ物と言われても違和感がない味で、きわめて食べやすい。僕はシュニッツェルを死ぬほど食べた。すっかり飽きてしまうまで、毎日できるだけ同じものを食べつづける。立ちながら、歩きながら、座りながら、寝転びながら食べた。一度、寿司屋に入ったことがあるけれど、そのとき食べたのは、ヨーロッパでは海苔を食べる習慣がないということで、海苔巻きの海苔の部分が薄いキュウリになった寿司だった。いまでは日本風の普通の寿司がヨーロッパのスーパーマーケットでも売られているが、二一世紀初頭は過渡期だった。もちろん、食べてもおいしくない。夜には毎晩、ワインを飲んでチーズを食べた。スーパーマーケットに置いてあるワインの安さには痺れた。同じものを繰りかえし食べたがるという自閉スペクトラム症の特性のひとつが、僕には顕著にある。

　ところで、こういった特性は精神医学では「同一性保持」として説明されている。自閉スペクトラム症があると、世界体験が不安定になりがちだから、「定型発達者」よりも、同一性保持を求める欲求が大きくなる。僕は毎日何回も、ウィーン中心部をコの字型に歩いた。反復行動が好きなのだ。金色の玉ねぎを載せた分離派《セセッション》会館と青緑色のアール・ヌーヴォーが美しいカールスプラッツ駅のあたりから北上して、左手側の美しいオペラ座をちらりと見て、ケルントナー通りを歩いて行き、シュテファン大聖堂の前に出る。堂々たるゴシック調の灰色の大聖堂。そこから西側へと左折して、グラーベンという通りを歩く。そして左手側の向こうに王宮が見えたら、そこがコールマルクトという通りだ。これを南下していくのがこの小周遊のクライマックス。両脇にはたくさんの高級宝飾店が並んでいる。それらの眺めが横に広がっては後方へと流れてゆき、正面には青緑色のかわいい王冠をかぶった王宮が迫ってくる。

僕は初めて訪れたとき、一週間の滞在期間にこの道を三〇回くらい歩きとおした。そのうち二〇回くらいが日中、一〇回くらいが夜間だったけれど、限りなくゾクゾクするのは夜間だった。というのも、音が少なくて静まりかえっているのだ。昼の雑踏がまるで月面世界のように死んでいる。僕は夜空を見上げて月を見つけ、このウィーンと月面世界とが接続されていると何度も感じた。ムージルが『特性のない男』でそのような描写をしていて、まさにそのとおりだと感じた。ムージルのいくつかの作品を翻訳した日本の作家、古井由吉のことも思いだした。コールマルクトを歩きながら、青緑の王冠を見つめつつ、古井の短編小説「杳子《ようこ》」にあった描写が彗星のように脳裏をかすめた。統合失調症（当時は「精神分裂病」）を罹患していると見られる女性が登場する。

まわりの岩という岩がいまにも本性を顕わして河原いっぱいに雪崩れてきそうな、そんな空恐しい予感に襲われて、彼は立ち止まった。足音が跡絶えたとたんに、ふいに夢から覚めたように、彼は岩のひろがりの中にほっそりと立っている自分を見出し、そうしてまっすぐに立っていることにつらさを覚えた。それと同時に、彼は女のまなざしを鮮やかに軀に感じ取った。見ると、荒々しい岩屑の流れの中に浮ぶ平たい岩の上で、女はまだ胸をきつく抱えこんで、不思議に柔軟な生き物のように腰をきゅうっとひねって彼のほうを向き、首をかしげて彼の目を一心に見つめていた。（古井1979: 13）

精神を患った女が腰を「きゅうっとひねって」こちらを見てくる描写が、一〇代の僕にはゾッとされて、たまらなかった。でも僕は二〇代のときに自分の恋人が精神を病むのを体験してから、彼女の姿が杏子に重なるようになり、この場面に無上の偏愛を抱くようになった。そして、いまでは僕には精神障害を持った知り合いが多くいるから、この場面はますます心に響くようになっている。ウィーンに行くたびに、「杏子」のこの一節を思いだす。ニーチェが言う永劫回帰のようにして、何度も何度も甦ってくるのだ。

僕はウィーンをあまりに美化して描いてしまっただろうか。それではここで、美のヴェールを払いおとしてみせよう。ウィーンの旧市街では、昼に幻滅的な光景をよく見かける。観光客を乗せた馬車が走っているのだが、駆動源となる馬は、走りながらぽとん、

ぽとん、と馬糞を落としてゆくのだ。こうして、ウィーンの中心部は馬糞だらけになっていく。僕は当時、京都の岡崎に住んでいて、近所でよく観光客が人力車に乗っているのを見た。ああして人力車を引いている男たちは立派だな、彼らは決して人糞を排出しながら仕事をしているわけではないからな、と考えた。「そんなこと、わざわざ考えなくてもいいでしょ」ということを積極的に考えてしまうのも、自閉スペクトラム症者にはよくあることだ。定型発達者からは過剰に見えると思う。

ウィーンではフンダートヴァッサーが設計した公営住宅もよく見に行った。壁には、淡い色合いで色彩ゆたかに長方形のタイルが敷きつめられている。建物全体の外観はグニャグニャとした有機的な印象。スタジオジブリのアニメに通じる印象があり、日本人好みと言えるだろう。でもフンダートヴァッサーの絵画はアール・ブリュット、つまり精神疾患者らによるアウトサイダーアートに似ているから、フンダートヴァッサーが作った住居に感激する日本人たちは、彼の画集を見たら「しーん」とした気分になると思う。彼はかなり悪趣味な画家だと思う。

ウィーンにはたくさんの美術館があり、グスタフ・クリムトやエゴン・シーレなどの世紀末芸術も、その時代よりまえの伝統的な絵画も豊富に見ることができる。シェーンブルン宮殿、王宮、美術史美術館、ベルヴェデーレ宮殿、分離派会館、アルベルティーナ、レオポルド美術館。でも当時の僕は、ウィーンで鑑賞できる絵画にほとんど感動しなかった。もしかすると、中心部の旧市街そのものが最上の美術品だから、美術館のなかで見る個々の絵画に小規模な満足しか得られなかったのかもしれない。

僕のささやかな秘密は、クリムトの絵を見るたびに強烈な反撥が込みあげてくるということだ。クリムトの絵は流体のような世界観が印象的で、それを美麗と見る愛好家はとても多い。でも、僕にはだめだ。逆説的だけれど、クリムトの絵は僕自身の感じている世界観にとてもよく似ている。拙著『みんな水の中』で記した「水中世界」。体がグニャグニャとしているだけではなくて、描かれた人物が恍惚とした表情を浮かべていたり、画面が煌めいていたりしている。クリムトが、僕と同じように解離した「水中世界」で神秘の世界を体験していたと思われてくる。

だが何かが足りないという感じがする。クリムトの絵を見るたびに、クリムトによって、僕の大切な体験世界が粗雑で野卑に表現されている気になる。この画家のどこが僕にとってだめなのか。安っぽい色使いの絵が多いということは理由のひとつだ。でも、そんな画家はどこにでもいる。

一〇年以上が過ぎても答えがわからなかったのだが、この文章を書いているうちに、これはもしや「嫉妬」ではないかと考えるようになった。「みんな水の中」という世界観の先取権争いに負けてしまった、という悔しさが僕にはあるのではないか。先取権争いとはおかしな表現かもしれない。僕はクリムトより一〇〇年以上も遅れている。とはいえ、やはりクリムトに対して、なんとなく嫉妬しているという胸騒ぎがある。そのことに思いいたると、僕には自分の未熟さがありありと迫ってきたのだが、だからと言ってクリムトを好きになったりはしない。

二　コミュ障たちの邂逅　プラハ

初めての海外旅行をウィーンで体験したのち、僕はチェコの首都プラハに向かった。ウィーン中央駅からプラハ中央駅まで、鉄道でおおよそ四時間のうちに移動できる。ドイツ鉄道の旅は快適そのものだった。

どうして第二の目的地がプラハだったのか。僕が研究していたムージルは、オーストリア＝ハンガリー帝国の没落時代を生きていた。そして、この帝国ではウィーンに次ぐ地位にある大規模な都市がプラハや、現在はハンガリーの首都にあたるブダペストだったのだ。さらに言えば、若いころの僕は少女マンガが好きで、いわゆる少女趣味に親しんでいた。女性向け雑誌でよく特集されていた「東欧のかわいい文化」などの情報を喜んで摂取した。プラハは特に「かわいい」街として紹介されることが多かった記憶がある。僕はそのような「かわいい」世界の実態を知りたかった。

「みんな水の中」と感じながら生きている僕にとって、現実はいつも夢に浸されていて、完全に覚醒しきれない。僕が内側から眺める現実世界は、まるで水中にいるかのようにぼやけて揺らめいている。自閉スペクトラム症があると、定型発達者とのあいだに標準的な共感が働きにくく、自分と世界とのあいだに断絶感を覚える。注意欠如・多動症があると、いつも思考が多動状態にあるために、疲れて朦朧としている。発達障害にはいろいろな種類があるけれど、僕には発達性協調運動症も併発している。これは深刻な運動音痴や不器用のことだ。平衡感覚がなかなか取れないため、いつも体のさばき方にふわふわとした印象が生まれる。さらに、僕には解離、つまり一部の現実の空想への脱落も発生している。これらの要素が融合して、僕はあらゆるものが水の中にあるかのような体感を得ているのだ。

プラハでは、この水のゆらめきが、プラハの「かわいい」イメージと混ざって、さまざまなものが可憐に見えた。その体験世界について、さらに具体的に描写していこう。

プラハに乗りこんだ僕は、めぼしい区画をつぎつぎに踏破した。まずはフランク・ゲーリーたちが設計した、高層ビルがくねって踊っているような姿のナショナーレ・ネーデルランデン・ビルディング。これは宿泊した新市街のホテルの近くにあった。そのグニャングニャンな現代性に、僕は痺れた。水中世界を生きる僕は、多くの人が感じる以上に、自分の体ごとそのグニャングニャンを体験する。新市街を歩いて北上していき、旧市街に入ると、街並みが急に中世風になる。旧市街広場に出て旧市庁舎の天文時計を見あげる。水中世界の外縁は宇宙によってくるまれていると感じる。

プラハの街のまんなかにはヴルタヴァ川が流れている。ドイツ語名はモルダウ川。ベドルジハ・スメタナが連作交響詩『わが祖国』第二曲「モルダウ」で情緒的に奏でた音楽が、川にかかったカレル橋を渡るたびに、僕の頭のなかで何度もリフレインした。アントニ・ヴィトが指揮し、ポーランド国立放送交響楽団が演奏する音響空間。その脳内の音に合わせて、プラハ全体がますます揺れる。その揺れ方は、気持ちが良いような感じもしたし、気持ちが悪いような感じもした。だが気持ちが悪くても、僕の心には不思議と寄りそってくれていた。

プラハ城のなかを歩き回る。巨大な石の筍《たけのこ》のように「かわいい」聖ヴィート大聖堂。プラハ城の向こうにある敷地を進んでゆき、ストラホフ修道院のまろやかな内装にうっとりする。チェコ語はまったくわからなかったのだが、テスコなどのスーパーマーケットで見知らぬ食品を買い物するのも楽しかった。プラハは僕の期待どおり、「かわいい」街だった。もちろん、プラハに住んで実態をもっと知れば、印象はより複雑なものへと変化したと思うのだけれど。

僕の印象では、ウィーンの街並みの魅力はバロックとアール・ヌーヴォーの混淆《こんこう》に、プラハの街並みの魅力はゴシックとモダニズムの混淆にある。もちろん、どちらの街にもロマネスク様式やルネサンス様式の建物があるから、あくまで僕にとってのイメージにすぎない。ウィーンは硬さもあるがまろやかで、プラハはまろやかさもあるが硬い。

ウィーンでは白と青緑が溶けあっていて、プラハには濃灰色の空間という別の美しさが備わっている。
僕がプラハでいちばん好きな美術館は、共産主義ミュージアムだ。共産主義時代の市民生活を覗いてみることができる施設は、旧共産圏のさまざまな都市にあるものの、プラハのこの博物館はおもちゃっぽい遊び心を感じて、僕の琴線に訴えかけるところが多かった。僕はプラハに行くたびに、この博物館に行きたくなる。まだ行ったことのない美術館や博物館がいくつかあるのだが、共産主義ミュージアムを優先してしまう。展示内容が変わっているのを発見したことはない。だから、これも僕の「同一性保持」が関係しているのだろう。

プラハは「かわいい」だけではなく、グロテスクなイメージも豊富だ。まずゴシック様式の建物が多いプラハは、中世的に見える。中世ヨーロッパがグロテスクというのは短絡的なイメージかもしれないが、現代から見ると血腥《ちなまぐさ》い要素が生活に多く入りこんでいたのも事実だ。特に残虐な拷問、過酷な身体刑。大衆が見せしめのための死刑を娯楽として享受するという制度は、初期近代にいたっても残存し、それはチェコの教育者ヨハネス・アモス・コメニウスが作った世界初の挿絵入り教科書と言われる『世界図絵』からも窺《うかが》える。このグロテスクなイメージもまた、僕がプラハを好む所以《ゆえん》だ。

プラハを訪れるたびに、僕はイジー・トルンカ・スタジオの探索を試みる。トルンカはチェコスロヴァキア時代の人形アニメーター。その詩的で愛らしい六〇年代の人形アニメーションは、二一世紀初頭の二〇代の僕をも魅了した。トルンカ・スタジオは、フランス人の監督ルネ・ラルーがカルトアニメとして名高い『ファンタスティック・プラネット』を撮影した場所でもある。このアニメーションは、アール・ブリュットの精神を汲みながらも、限りなく優美という奇跡的な作品で、僕は惜しみない愛情を感じる。それで僕はプラハ城のずっと北にあるはずのそのスタジオを探しだそうとするのだけれど、いつも時間切れになって、探索を打ちきる。どれだけ試みても、スタジオに辿りつけない。まるでフランツ・カフカの『城』で、城に雇われた主人公がどれだけ試みても、城に入れないのに似て。

チェコをグロテスクだと感じる理由には、ここがカフカの生まれ、育ち、暮らした場所だということも関係しているだろう。巨大な虫に姿が変わる『変身』、奇抜な処刑機械が登場する『流刑地にて』などのイメージは、なんともプラハに似つかわしい。カフカにゆかりのある場所は、プラハに点在している。たとえばプラハ城の裾野にあるマラー・ストラナ（小地区）のフランツ・カフカ博物館。そこはまるで洗練されたデジタルの見世物小屋だった。そしてプラハ城の黄金小路にある、カフカが半年ほど仕事場にしていた家屋。ここは現在ではおみやげ屋として使われている。そのような場所を「聖地巡礼」するカフカの愛読者は多い。

本音を言うと、僕は昔からカフカを苦手に感じていた。内心ではひそかに共感しつつ、いつも敬遠していたように思う。カフカ研究者たちが、カフカの作品と人柄に示す愛着ぶりは、僕に抵抗感を抱かせた。対象への距離感が足りないのではないかと感じる研究を多く読んだ。自閉スペクトラム症者の僕は、まさにその「距離感」を、物理的にも心理的にも確保するのが難しいと感じることが多く、自分自身、何かにのめりこみがちだ。だから、カフカ研究者のカフカ崇拝（に見えるもの）が自分のグロテスクな戯画像と映ったのだと思う。ただし、そのように感じながらも、カフカをいつも意識していた。

あれは三回目くらいのプラハ滞在だっただろうか。ある夏の日、僕が地下鉄スタロメスツカー駅から出て南に向かってヴルタヴァ川沿いに歩いていると、満面の笑みで走ってくる人がいた。僕は刮目《かつもく》した。それは大学院時代の先輩Kさんだった。「横道くん！いやあ、人違いかと思ったけど、笑い方が横道くんだったので」とKさんは語りかけてきた。ヨーロッパの観光地で知り合いの日本人同士が出会う。それは珍しいことではないかもしれないが、そういう経験を僕はそのとき初めて得た。

Kさんはカフカ研究者だ。彼もカフカ研究者らしく、カフカをこよなく敬慕していたが、度を越した感情移入とは無縁だったように思う。いまでは、そのKさんがプラハに来ていてもまったくおかしくないと思うが、当時の僕には想定外だった。僕たちが出くわしたすぐそばには、カフカ博物館が立地していた。Kさんは僕が満面の笑みで歩いているのを発見した。僕は、そうなのだ。普段は死にそうなくらい深刻な顔をしているのだが、気分が高揚してくると人目を気にせず笑みを浮かべながら歩いている。

僕はそのころ、チェコ語がわからなかったものの——そしていまでもわからないままだけれど——英語はかなりできるようになっていたから、Kさんと連れだって赴いた近くの旧市街広場で、オープンテラスのレストランに入り、英語による注文や会計を披露した。Kさんは「へえ、そういうふうに言えばいいんだ」と感心していた。僕たちはどちらも大学でドイツ語を教えるようになっていたが、僕の知る限り、現在のチェコでドイツ語の必要性は高くなく、少なくとも僕はこの街でドイツ語を試してみようと思ったことは皆無だった。でも、もしかするとKさんは、プラハでチェコ語とドイツ語を駆使しながら、状況を楽しんでいたのかもしれない。

思えば、僕にとってKさんは目の上のタンコブとでも言うべき先輩だった。Kさんは大学院の博士課程のときから将来を有望視されていて、出身講座の将来の主任教授になるだろうと囁《ささや》かれていた。僕より三歳年上だったけれど、生意気な若者だった僕は、当時は「天上天下唯我独尊」という振る舞いで、Kさんからやんわりとしばしば「教育的指導」を受けることが多かった。ＡＤＨＤ的な多動性と衝動性がいまより強烈だった青年時代の僕は、Kさんにやりこめられるたびに、対抗意識がメラメラと燃えた。ある程度まで歳を取れば、三歳差というのはたいした開きではないものの、博士課程二年生と修士課程一年生の力関係は絶対的なものがあった。僕はKさんの実力によって、自分の可能性をむりやり封印されているとまで感じていた。

ムージル研究者の僕と、カフカ研究者のKさん。僕は精神医学の専門家ではないが、さまざまな自助グループを運営しているために、多様な精神疾患の当事者たちと交流がある。いまの僕は、ムージルには自閉スペクトラム症の、カフカには統合失調症の傾向があると感じる。僕はいまでは自閉スペクトラム症と診断されていて、Kさんに統合失調症の傾向があるかどうかはわからないけれど、彼もなんらかの事情で、かなりの「コミュ障」だ。コミュ障同士の、海外での予期せぬ邂逅《かいこう》が発生したわけだ。

「いやあ、Kさん。奇遇ですね」

「そう、奇遇。ほんと奇遇。まさか横道くんに会うとは」

「Kさんは調査旅行ですか」

「そう。このあとSさんと会う予定になっていて」

「へえ、Sさんも来ているんですね。日本人の独文学者がプラハに大集結！」

「はっはっは。横道くんは休暇なの？」

「はい。そう言えばしばらくまえにスイスにも行って、ハイジの舞台になった場所をいろいろ見てきましたよ」

「へえ、どうだった？」

「ハイジが住んでいた家に似た山小屋があって、ハイジやペーターの等身大の人形が置いてあるんですけど、その造形がひどくて、空間も暗いから、まるでゾンビみたいで。日本人のカップルが結婚式をあげるために来ていたんですけど、あの人形と一緒に写真は撮りたくないいんじゃないかって思いました」

「へえ、そうなんだ。おもしろいね」

「はい、おもしろかったです。心に残りました。ところでKさんを見るたびにゲオルク・トラークル（オーストリアの詩人）のことを思いだします」

「へえ、どうして？」

「トラークルの横顔の写真がKさんに似ているからです」

「はっはっは、そうかな？」

僕は鈍重のようにも俊敏のようにも感じられるしゃべり方をする。Kさんは甲高い調子で、細かな配慮を利かせながらしゃべる。たいして異様な会話には見えないだろうか。それでも僕たちの会話を注意深く聞けば、そこに「普通さ」が欠けていると気づくはずだ。なぜなら、僕もKさんも普通の人のフリをしようと足掻きながら生きている種類の人間だからだ。僕たちは怪物なのに人間に擬態している。そうやって人間社会に溶けこもうと苦労しているのだ。

読者はこのような感じ方に戸惑うかもしれない。でも、僕自身は自分が周囲から受けてきた言動を内面化し、自分を怪物と見なすのをやめられない。ちょうど、かつての被差別民たちが、しばしば周囲から受けた差別意識を内面化し、自分たちを非人間的な存在と考えてしまったのと同じく。

普段からぎこちないしゃべり方をする僕たちのぎこちない会食だったが、あとから思いかえすと、僕はこのとき数年ぶりに会ったKさんから、何も「ダメ出し」をされなかった。やりこめるような発言を受けなかった。そんな体験は、僕とKさんの交流を通じて、ほとんど初めてだったかもしれない。それで、この会食のときからKさんへの印象が変わった。いや、この書き方は公平ではない。おそらくKさん自身が大きく変わったわけではなかった。むしろ僕が成長した結果、Kさんとのあいだに無用な摩擦を起こさなくなったのだ。

活気のある観光地の情景が、僕にKさんたちとともに、かつてフランス文学の読書会で読んだフランスの作家、ギュスターヴ・フローベールの長編小説『感情教育』を思いおこさせた。大学院生だった僕たちは、主人公がヒロインを初めて見る場面に興奮した。

大きな麦わら帽をかぶり、帽子につけられたピンクのリボンが風にあおられ、ひらひらと背後にはためいていた。まんなかで分けた黒い髪は、長い眉の端をふちどり、ずっと下のほうまで流れるようにつづいて、卵形の顔をやさしく包みこんでいるかのようだ。小さな水玉模様の入ったあかるいモスリンのドレスが、多くのプリーツを見せながら裾をひろげている。なにか刺繍をしているところだった。まっすぐのびた鼻すじ、顎、そして全身が、青い空を背景にくっきりと浮かびあがって見えた。（フローベール 2014: 26）

フローベールの描写の優美さと言ったら！　たしかカフカもフローベールの愛読者だったはずだ。

その会食のときから数年後、僕とKさんはともに、ドイツの哲学や思想に関する事典の編集に協力するようになった。その作業を通じて、僕のKさんへの尊敬がふくらんでいった。遅ればせながら、僕はKさんをずっとまえから、ひとつの模範として意識しつづけてきたことを、自分で認めるに至った。僕は三〇代の初めから、研究対象をムージルからグリム兄弟とその学問的後継者たちに変えていた。ムージルにのめりこみすぎてしまい、研究が困難になった。他方でグリム兄弟に対しては、適正と思える距離感を保って向きあうことができた。

二〇二〇年、遅れに遅れていた、一五年越しで書いた博士論文の初稿を完成させた僕は、Kさんに電話を入れた。僕の博士論文の主査を務めてほしい、つまり指導教官の役割を果たしてほしいと依頼したのだ。Kさんは僕や僕のかつての院生仲間の予想通り、出身講座の教員として赴任していた。僕はその講座とは別の組織の出身だったから、依頼する相手としては、ほかにも複数の選択肢があったのだが、僕にはKさんが最適だと感じられた。Kさんは「光栄です」と言って、僕の申し出を快く受諾してくれた。

三　誠

ベルリン

ベルリンには二〇一〇年から一年ほど住んだことがある。フリードリヒスハイン・クロイツベルク区のフリードリヒスハイン地域を選んだ。学生が多い区画で、勝手に京都の左京区に通じる印象を抱くことができた。左京区に住みなれた僕には、最初から気に入る雰囲気だった。

ベルリンはドイツ語圏最大の都市だが、「名古屋以上、大阪未満」というくらいの規模に感じられる。経済に関する正確なデータを持っているわけではなく、街をあちこち回ってみた主観的な印象にすぎない。ロンドン、パリ、ニューヨーク、上海、東京のような一線級の街ではない。でも、僕はこの街が好きだ。波瀾万丈な歴史が地層のように堆積している。この街は普墺戦争と普仏戦争の勝利によって生まれたドイツ帝国の首都だった。第一次世界大戦を経験し、戦間期を経験し、ナチス時代と第二次世界大戦を経験し、ベルリン包囲戦で廃墟と化した。ベルリンの壁が築かれ、ひとつの街がふたつの国によって分割された。壁に取りまかれたファンタジー小説あるいはディストピア小説を思わせる異様な空間。それらの痕跡が、ベルリンの各所にはあからさまに残されている。

僕はヒトラーが死んだ総統防空壕や、その近くの印象的なユダヤ人慰霊碑や、ベルリンの壁が部分的に残された場所や、ガラス張りの国会議事堂を見てゆきながら、この街は巨大な幽霊なのだと感じた。ベルリン包囲戦でソ連軍の戦車がやってきて都心部に持続的な砲撃を加えた場所を歩きまわり、その戦車の群れに向かって爆弾を抱えて突撃していった少年少女の兵たちを思った。ヨーロッパ最良のテクノクラブと言われることも多いベルクハインで轟音の電子音に包まれ、ベルリナー・キンドルやベックスといった標準的な瓶ビールを、現地の流儀通りにラッパ飲みしながら、幽霊の街にふさわしいと感じた。というのも、そのナイトクラブは廃墟と化したビルを再利用しているのだ。年越しにブランデンブルク門周辺の花火大会で空にあがる打ち上げ花火を見たり、アパートメントのベランダからロケット花火を打ちあう人々を眺めたりして、「まるで戦時下のようだ」とつぶやいた。

ベルリンは、僕が初めて本格的なドイツ語学習をした街でもある。最初の海外旅行先に選んだウィーンでドイツ語がまったく通用しなかったから、ドイツ語圏の街できちんとドイツ語を学びたいと願った。クリスマスが迫っている時期に僕はドイツに行き、ベルリンの地下鉄ヴァインマイスターシュトラーセ駅近くのゲーテ・インスティトゥートで、さまざまな国からやってきたドイツ語学習者とともに学ぶことを決めた。ドイツ語の語学学校に入るのは、かつてない経験だった。

当初から多くの困難があった。筆記試験を受けたのだけれど、僕の実力はドイツ語圏で日常生活を充分に営める水準に達していて、もう少し鍛えればドイツ語圏の大学で学ぶことができるはず、と判定された。だがヨーロッパの先進的な語学教育と、日本の保守的な語学教育はまったく異なっている。僕はドイツ語の文法理解に関しては、すでにほとんど完璧だった。難解な文学作品も、ドイツ語の辞書をめくりながら読むことができた。他方、自然なドイツ語を書くことはほとんどできなかったし、口頭コミュニケーションに関しては初心者レベルだった。

授業の初日、自己紹介のときに、声が震えた。それより先にドイツ語による自己紹介を練習したことがなかった。僕たちの教師は、そのたどたどしい自己紹介にハッとしたように反応したものの、僕の内情をおそらく悟りながら、何も追及しなかった。彼女は「良かったら授業後、階下の食堂で簡単なお茶会をしない?」とクラスメイトたちに提案したようだった。「ようだった」というのは、僕はそれから数日かけて、その事実を理解できるようになったからだ。僕はその日は何も理解できなかった。授業が終わるやいなや、地下鉄メッカーンブリュッケ駅の近くにあったホームステイ先に、ワニに追われるアリクイがそそくさと巣穴に逃げさるようにして、身をひそませた。

その日から授業の全課程が終わるまでの四週間は、僕の人生でもっとも濃密な日々に属する。授業中に僕とコミュニケーション練習のパートナーになったクラスメイトは、僕への対応に困惑していた。僕は壊れかけたロボットのようにギクシャクと話す。ほかのクラスメイトたち――全員がヨーロッパ系――とはまったく異なっている。ところが筆記試験がなされると、みんなが息を飲んだ。僕がナンバーワンだった。何度やっても僕がトップ。

「マコトは初心者だと思っていたのに、天才だ」と誰かが言った。「天才だって?」と僕はうなだれて、気落ちした。なぜ自分が試験で僕に劣っているのかを理解できず、怒りを滲ませて詰めよってきた若者もいた。僕を睨みながら、「マコト、きみは何年ドイツ語を勉強しているんだ。俺は一年半だ。君は二年か? 三年か?」と詰問してくる。僕は「約一〇年です」という真実をどうしても口にできなかった。

思うに僕はそのとき、発達障害がなかったとしても「発達障害的」になる環境に置かれていた。日本の語学教育を受けた者は、海外で発達障害者のような困難を感じる。現在のヨーロッパでは、聞く、話す、読む、書くという各機能をバランスよく伸ばしていく。コミュニケーション能力の発展に合わせて、文法知識を少しずつ与え、総合的理解力を養っていく。先進的で合理的な教育システムだ。このシステムによって、学習者はまず日常会話を覚え、生活上の問題を解消できるようになる。さらに学んで力をつけた者は大学で学ぶ資格を得、そういう高度な語学水準を獲得して初めて、ドイツ語の文学作品に親しむ者が出てくる。

でも僕の世代が受けた日本の教育システムは、そのようなものではなかったし、現在の日本でも完全に変わってしまったとは言えない。文法知識を詰めこまれ、語彙《ごい》を暗記し、文学作品などを読みとき、口頭コミュニケーションが申し訳程度に後追いしてゆく。このような教育を経た結果、僕は二〇代後半には、辞書をちまちま引きながらでも、英語やドイツ語のかなり高度な文章を理解することができた。なのに、英語やドイツ語の文章は、ほとんど書けなかった。書いても母語話者が書く自然な文章から乖離《かいり》していた。もちろん、英語もドイツ語もほとんど聴きとれなかった。言うまでもなく、英語であれドイツ語であれ、ほとんど発話できなかった。

加えて発達障害の問題がある。日本人が海外に出て苦労するようなコミュニケーション上の困難を、僕たち発達障害者は普段から日本でも体験している。僕はのちに別のクラスで、僕と同じ日本人が僕と同じような苦境を味わっているのを確認した。彼らの語学能力は、日本の語学教育の結果、発達障害者の諸能力のように凸凹《でこぼこ》していたし、それがかなりの苦しみを生んでいた。それでも語学力が向上すれば、彼らは「かりそめの発達障害者」を卒業してゆく。僕の場合は、語学力がどれだけ発展しても、発達障害によってコミュニケーションに難渋する。

日本語でも同じだ。僕の日本語能力は、日本人の平均を上回っていると思う。豊富な日本語の語彙、文法知識、統語への見識。だが、それらをもってしても、標準的なコミュニケーションに苦痛を感じてしまう。外国語で、その事態が悪化する。のちに多くの外国語を学んだが、充分に操れるようになった外国語は皆無だった。それなのに僕は外国語マニアで、自分が発達障害者だとは知らずに、自分には日本が向いていないんだ、外国のどこか別の場所には自分に向いた環境があるんだと夢見ていた。そんな場所がどこにもなかったことは、言うまでもない。

僕たちを担当した女教師エレーナは、共産主義時代の、つまりベルリンの壁が実在した時代の東ベルリンを体験した老女だった。服装や化粧は一九二〇年代のマレーネ・ディートリヒを意識したもので、最初の授業の日、「こんな格好の人は街中のどこでも見かけないよ」とファッションに疎い僕ですら呆れた。金髪に派手な化粧に黒を基調とした細身のレトロなドレス。まるで彼女は冷戦によって失われた東ベルリンでの青春を取りかえそうとしているように見えた。

エレーナは辛辣な皮肉屋で、舌鋒がクラスメイトの誰にでも向かうことがあった。「マーク、あなたはどうして宿題をしない？　ベルリンに何をしにきたの。ホームステイ先で寝るため？」「アデリーナ、今日も休憩時間がひとりだけ長かったね。世界が終わるまで帰ってこないのかと思ったわ」

しかし彼女なりに、相手を決定的に傷つけるような発言は自制しているようにも感じられた。僕は何度も溜め息を吐かれ、「オー、マコト、ゴット・ザイ・ダンク!(勘弁してよ!)」と嘆かれながらも、彼女に厚く庇護されていた。「ほんとうはマコトがいちばんすごい人なのよ」と言ってくれた。彼女が僕を評価してくれたのは僕のいわゆる「教養」のためだったと思う。ドイツの文学、芸術、文化などがクイズになると、僕の独壇場だった。しかし、それは当然。僕はすでにドイツ文学研究者の卵だったのだから。

教え子たちが平板なことを言うと、彼女は「それは固定観念ですよ!」と口癖のように言っていて、その激辛の批判精神を嫌うクラスメイトもいた。それでも、工夫に満ちてメリハリのある授業は、ほとんどのクラスメイトから歓迎された。最終週はひとりずつプレゼンテーションをする時間が設定されたのだけれど、僕はプレゼンテーションの最後に「この授業をとおして、エレーナは日本について何度か発言したことがあります。そのうち、どれが固定観念だったかを説明しましょう」と宣言し、講釈した。このような気が利いた皮肉は、もちろんエレーナの流儀を真似たものだった。彼女が笑いころげているのを見て、僕の彼女に対する親愛の念は深まった。

エレーナは典型的な憂鬱質の女性でもあって、彼女の発言が湿った泥のように室内を汚し、クラスの雰囲気が険悪になるときもあった。だがクリスマスシーズンで街全体が浮きたっていたこともあって、最後まで僕たちの多くは幸福な時間を過ごした。クラスメイト同士は打ちとけあい、次第にほとんど毎日、授業が終わった七時以降、飲み歩くようになった。ほかのクラスのメンバーとも交流が生まれ、交流の輪が広がった。クラスメイトの恋人が別の街から来たのを歓迎するパーティーなども開催された。

ある日、スイスから来ていた一九歳の少女ララが休憩時間にクラスメイトたちに宣言した。「私、近くにおもしろいレストラン発見しちゃった」。彼女はスイスの都市ローザンヌの富豪の娘で、フランス語が母語で、褐色がかった金髪に、青灰色の眼をしていた。女性アイドルのようにかわいらしく、天真爛漫な性格で、クラスメイトの誰とでもわけへだてなく接していた。彼女より美しいと見なされていたスペイン出身の女性ソニアがララの姉のように、あるいは娘の姫君を保護する女王のように振るまっていたこともあって、ララは学級委員長のようにクラスに君臨していた。

クラスメイトたちは、今夜はララが言う「おもしろいレストラン」で夕食を楽しもうと沸きたった。授業が終わるやいなや、僕たちはそのレストランに向かった。一二月のベルリンの黒い空間に粉雪が散っていた。ずっとあとになってから、韓国の作家ハン・ガンの『すべての、白いものたちの』を読んだ際、その日の雪の道が鮮烈に記憶に甦った。

今しがた降ってきて歩道をふんわりと覆う雪の上に私の黒い足跡が捺されていた。／

白紙の上に書かれたいくつかの言葉のように。／発つときにはまだ夏だったソウルが凍りついていた。／ふり向くと靴跡はもう、雪に覆われていた。／消えかけていた。
（ハン 2018: 163）

僕たちは、そんなに遠くない場所にある日本料理店に到着した。その店名は、僕と同じ〈Makoto〉だった。僕はびっくりして店内に入った。店の突きあたりの壁に「誠」と筆文字で書かれた暖簾が垂れていた。「漢字も同じなのか！」と僕は、少しは話せるようになっていたドイツ語でうめいた。ララはドヤ顔で僕を見て、「おもしろいレストランでしょ」と言った。僕は「ありがとう、ララ」と答えた。

日本食を楽しむ宴が始まった。メニューにはカレーライス、カツ丼、ラーメンなどが並んでいる。日本よりも割高とはいえ、日本で食べる日本の料理に比べて、まったく遜色のない味だった。

僕ははしゃいだ。「これが本物の日本食なんだよ。僕たちは普段、寿司や天ぷらばかり食べてるんじゃないよ」と言った。僕のクラスメイトたちは、ゲテモノ料理を見るような顔つきで、恐る恐る日本食を食べはじめた。ギリシア出身の、僕が特に親しくしていた同年代のイオエルに「レッカー？（おいしい？）」と尋ねた。彼は初めて味わうカツ丼に対して判断を保留し、「おいしいような、おいしくないような」と答えた。

僕より一五歳ほど年上の、みんなの兄貴分として慕われていたデンマーク人のミカエルが「つぎに入れるタトゥーは漢字にしたいんだ。オレの名前を漢字でここに書いてくれ」と紙片を差しだしてきた。彼の体にはあちこちにタトゥーが入っていた。「マコトはなんでタトゥーをしないんだ?」と彼は言った。僕は「日本では刺青はヨーロッパよりもタブー扱いだ。日本版のマフィア、ヤクザと思われる」と説明しながら、紙片に「大天使・光輝江留」と書いて返した。彼は漢字の刺青を入れたら、娘に見せて自分の「国際性」を自慢するんだと言って、先祖のバイキングを思わせる笑顔を見せた。

僕はクラスメイトの一部が村上春樹について熱心に議論するのを聞いた。僕は村上が海外で熱心に読まれているということを、そのころまで噂程度にしか知らなかったのだが、その数日まえに新刊書店で村上の本のドイツ語訳が平積みにされているのを見て、驚いたところだった。当時の僕は村上のアンチファンだったから、否定的な評価を、しかし押しつけがましくならないように語ろうと頑張ったけれど、その時点の僕のドイツ語会話能力では、ほとんど伝わらなかったと思う。

僕がベルリンに初めて滞在した日々のうちで、その日がクライマックスになった。僕は数年後、この日のことを思いだして胸が熱くなり、海外の人々の視点を意識しながら村上春樹について論文を書いてみようと決意した。そこから、僕の一連の村上春樹論が生まれた。

四　ゾーンは続くよどこまでも　マイエンフェルト

　スイスの街では、チューリヒ、バーゼル、そしてマイエンフェルトを訪れたことがある。チューリヒでは旧市街の石畳の道を歩きまわり、足が石でできた筍のようにこわばったことが、記憶に深く刻まれている。スーパーマーケットで買い物をしてみて、物価の高さに驚いた。ひとりあたりの富裕度で言えば、日本人はたいしたことはない。そう実感できた。

　バーゼルに対する興味はふたつあった。ひとつは、この街ではスイス、ドイツ、フランス三国の国境が接しているということ。ライン川の岸にドライレンダーエック（三国境域）という記念碑が立っているのを見にいった。でも、特にどうということはなかった。もうひとつは、哲学者のフリードリヒ・ニーチェがこの街の大学で教授を務め、『悲劇の誕生』を書いたということ。二〇歳前後はニーチェに憧れていたから、その熱はすでに冷めてしまっていたけれど、ゆかりのある街を見ておこうという思いが湧いた。でも実際に見た街並みは、特に「ニーチェ的」とは感じられなかった。

マイエンフェルトという地名は、聞いたことがない人も多いかもしれない。そこは『アルプスの少女ハイジ』の舞台になった街だ。「五月野《さつきの》」を意味する、青い空と緑の平原を連想させる美しい名の街。高畑勲監督のアニメ版が脳裏に甦る。

ハイジがデーテおばさんによって、フランクフルトに住んでいるクララのところに連れていかれる場面がある。その際、ふたりはマイエンフェルトから鉄道に乗車する。それから時が流れて、フランクフルトでハイジは夢遊病にかかり、クララと別れて帰郷することになる。ハイジはフランクフルトから鉄道に乗り、マイエンフェルトで降りる。そして自分を待っているアルムのおんじがいる山小屋へと駆けだしてゆく。いま思いだしても泣きそうになる。「おじいさーん！」というハイジの声が聞こえてくる。

ハイジたちの山小屋から下りたところにあるデルフリ村のモデルになったとされる場所は、ふたつある。マイエンフェルトの東に広がっているローフェルス村と、そのひとつ南のイェニンス村だ。山小屋が想定されているのはマイエンフェルトの北東あたりだから、地理を考えるとローフェルスのほうがしっくり来る。でも原作者ヨハンナ・シュピリはイェニンスに滞在して『ハイジ』を書いたから、実際にはそちらを参考にした気がする。マイエンフェルトに到着すると、僕はローフェルスに向かって「ハイジの道」というものが延びているのを見た。

僕はその道を進んだ。先にも述べたように、発達性協調運動症のせいで、いつも僕の動き方は不安定だ。若いころ、正面から歩いてきた親友から「横道、おまえの歩き方、隙だらけやな。びっくりするわ」と言われたことがあった。体の軸芯が揺れるから、ふらふらした印象で歩いてしまうのだ。幽霊のよう、あるいはへなちょこなヘチマのようだ。

以前はほとんど行動を起こすごとに、体のどこかしらを何かにぶつけていた。多くの人は自分の体の延長を直観的に把握することができる。猫などの動物は、自分が通れるぎりぎりの隙間を通っていくが、それと同じ能力だ。しかし猫にもドジなやつがいて、うまく通りぬけられない場所に入りこんで、出られなくなる。僕はそういう猫なのだ。発達障害の診断を受けて、僕は自分に「普通の人」と思ってはいけないのだと言いふくめるようになり、日常の身体的挙動を再点検するようになった。いわゆる当事者研究だ。その成果によって、僕が何かにぶつかる頻度はめっきり減った。

そういう残念な身体能力ゆえに、僕は、もちろん鉄棒のさかあがりが、どうしてもできなかった。跳び箱でも酷い思いを繰りかえした。マラソン大会では文字通り、学年で「びり争い」を演じた。中学時代の運動会で、一五〇〇メートル走の選手に選ばれたときは、当日詐病によって欠席することを真剣に考えた。何周遅れでゴールしたか、もう忘れたが、親友がねぎらってくれたのが嬉しくも恥ずかしくもあった。

小学校のとき、水泳を何年も習っていたが、休まずに泳げるのは二五メートルがやっとだった。手足をリズミカルに連動させることができないのだ。キャッチボールをしても、投げる球に体重を乗せるのがうまくいかないから、球はヘロヘロと飛んでいくし、飛距離も伸びない。おとなになってからスポーツクラブに入会したけれど、エアロビクスが苦痛だった。壁が全面的に鏡ばりで、みんなの動きが把握できるのだが、自分だけ体を動かすタイミングがずれていた。

という具合に、なめらかな身体運動から見放された僕なのだけれど、長所としては、だからこそ簡単な運動でもすぐにランナーズ・ハイを得られるということがある。ただたんに普通に歩いているだけで、僕はすぐにそれを体験する。発達障害があると過集中という意識状態に入りやすい傾向がある。定型発達者が問題なくできる作業が、発達障害者には難度の高いものになるため、集中力が爆発的に跳ねあがるのだ。この結果、心理学で「フロー体験」と呼ばれるものが生まれる。大きなうねりに流されているような神秘的な感覚。スポーツ選手はこれをよく「ゾーン」と表現し、自分の身体能力が飛躍的に上昇していると感じる。

僕の歴史は、そうした歩行の歴史だ。マイエンフェルトで「ハイジの道」を歩いていたときも、もちろん同じように歩いた。長大な山道で、僕にとってはかなりの運動量になったから、ふだんよりも負担は大きかった。だからゾーンに入りっぱなしだった。

その超常的な感覚とともに歩く。強い快感が降りそそぎ、僕は満面の笑みを浮かべる。

僕は幸せなのだが、他人が見たら怖すぎるだろう。現に、通りすがりに僕の顔を見て、ビクッと反応し、眼をそらす人も稀ではない。ただし原因は僕の斜視にもある。無理をしていない状態だと、すっと両眼の焦点を合わすことができるのだが、負担が増大すると、僕は両眼の焦点を合わせられない。たんに歩くことでも、僕にとっては無理をしている状態なのだから、両眼の焦点が合わないことが多い。

そして、こだわり行動だ。自閉スペクトラム症があると、体を揺さぶったり、独特の手の動きを見せたり、同じ行動を反復したりする特性が付いてくる。僕の場合は、全身を使った貧乏ゆすりをする。中学生のときにまえに座っていたクラスメイトが授業中に急に立ちあがり、「うわあ、地震や！　と思いきや横道の極度の貧乏ゆすりやった」と叫んだことがあった。いかにも大阪在住の少年らしくまわりの笑いを取ろうとしたのだが、実際、教室には爆笑の渦が発生した。そんな僕がいまでも健在だ。僕は自分のことを、ひそかに「ひとり大地震」と呼んでいる。

歩くときのこだわり行動は、両足のくるぶしをコキコキ回すというものだ。歩きながらくるぶしを回すことで、コリがほぐれ、歩くのに疲れないという想念が僕にはある。もちろん、それは妄想にすぎない。そんな歩き方をしていることで、ほんとうは余計に疲れている。でも僕はやめられない。きわめて不自然な歩行形態だから、昔はよく足をくじいたものだ。階段を上り下りするあいだもやっているから、簡単に転んだ。これも発達障害の診断を受け、自分なりに当事者研究を進めた結果、改善された。両足のくるぶしをコキコキ回しながら歩くのはそのままだけれど、足をくじきにくく、そして転びにくく歩けるようになった。

僕がマイエンフェルトで歩いている様子を想像していただきたい。ヨーロッパの田舎で、両眼の焦点が合っていない日本人の男性が、満面の笑みを作りながら、隙だらけの身のこなしで、両方のくるぶしをコキコキ回しながら歩いていく姿を。僕は生きたモダンホラーなのだ。

歩いているうちに、多くの親子連れを見た。二回ほど、子どもが泣きじゃくっているのを眼にした。歩き疲れて泣いているのだろうか。「ハイジの村」と呼ばれている一帯に到着して、「ハイジの家」という名の建物に入った。プラハでKさんに話した、ゾンビの印象を抱いた等身大人形はここにある。そうか、あの子どもたちは、これを見て泣いたのではないか、と僕は哀れの心を感じた。冷静に見るとそんなにひどい造形でもないのだが、暗い部屋にあるから、光の加減では怖く見える。アニメのキャラクターとの落差を感じて、実際よりひどく見えてしまうこともあるだろう。

置いてある寄せ書き帳をめくった。いかにも日本人好みの観光地だろうけれど、書きこんだ人たちの出身地を見ていると、まったく全地球的だった。もっとも成功した日本のアニメは『ハイジ』だと言われることがあるが、なるほどもっともだと感じた。

それにしても、自然が豊かだ。ふと学部生のときに読んだアメリカの作家アーネスト・ヘミングウェイの短編小説「二つの心臓の大きな川」を思いだす。

テントの入り口に、ニックは目の粗い薄い綿布を蚊除けにとりつけた。その下を這ってザックからいろいろなものを運び込み、斜めに傾斜したキャンヴァスの下の寝床の頭部に積みあげる。テントの中には、褐色のキャンヴァスを透かして光が注ぎ込んでいた。内部はキャンヴァスのいい匂いがした。どこか神秘的で家庭的な雰囲気が、早くも生じていた。テントの中に這って入ると、ニックは幸福だった。きょうは朝からいい気分だったのだが、いまの気持は格別だった。これですべての準備が終った。

（ヘミングウェイ 1995: 191）

イタリアの作家イタロ・カルヴィーノは、この作品について、自然が明るく描かれ、描写されているのは釣りをする作業だけなのに、四方から重苦しさが押しよせてくるような、不安に満ちた作品だと述べていた。そういう陰影が僕の心に響いたのだと思う。あらかじめ買っておいたサンドイッチを食べて、持ってきたコカ・コーラ ゼロを飲んで、さらに先へ進む。今度は「ハイジ体験の道」という別の経路が延びていて、旅行ガイドブックを見ると、往復に四時間ほどだと書いてある。目的地には『ハイジ』の山小屋を模した建物が建っているそうだ。僕はまた歩きはじめた。アニメの『ハイジ』の数々の名場面を、第一話から最終話まであれこれと思いだしながら歩いた。屋根裏で藁の布団で眠っていたハイジが、朝になって飛びおきる。ハイジやペーターが山羊たちの世話をしながら、アルプスの夕焼けに感動する。おんじのもとからハイジが連れさられる。ハイジとクララの出会いと友情の深まり。ハイジに対して猛威をふるうロッテンマイヤーさん。それとは対照的に描かれる、クララの父親やおばあさんの優しさ。夢遊病になっても、医者に向かって、クララをひとりぼっちにしないために、フランクフルトに留まらなくてはならないと言い、涙を流すハイジ。帰郷し、驚いたおんじに向かって駆けてゆくハイジ。

『ハイジ』の愛らしい印象からか、なぜかアメリカの作家リチャード・ブローティガンの『アメリカの鱒釣り』に含まれるレシピも思いだした。

黄金色《こがねいろ》のピピンりんごを十二個、見目よくむいて、水にこれを入れ、よく煮る。次にその煮汁少量とり砂糖加え、煮たりんご二、三個をスライスして入れ、シロップ状になるまで煮つめる。それをピピンりんごにかける。乾燥さくらんぼと細く刻んだレモンの皮で飾りつけると、できあがり。りんごが崩れぬよう充分注意されたし。（ブローティガン 2005: 28-29）

ゴールにあった山小屋は予想通り、味気ないものだった。でもここまで来たのだから満足だ。僕は自分で自分に「ハイジマスター」の称号を贈ることにした。アニメの『ハイジ』でもっともよく話題になる場面、「クララが立った！」のことも思いだされた。これはアニメの後半のクライマックスだ。意志の強さによって身体障害を克服していく姿が描かれる。僕も感動しながら観たけれど、それでも僕は、このアニメでは中盤のクライマックス、つまりハイジが強制された環境から心の病気になり、故郷に帰ることで回復するという場面のほうが、ずっと好みだ。意志を強く持とうとしても、耐えられず、精神障害に侵されていく悲劇。僕自身の人生を暗示しているような気がする。

そして来た道をずっと戻っていく。夕方、まだ明るいうちにマイエンフェルトの駅に戻れたときは、ホッとした。マイエンフェルトから東側の一帯を探索してきたわけだが、逆の西側に行くと、ひとつ向こうの駅にバート・ラガーツがある。アニメで、ハイジたちの山小屋に滞在中のクララを見舞いにきたクララのおばあさんが、「ラガーツの温泉」に投宿すると言っていたが、その場所がなるほどここか、と知った。電車に乗り、眼をつむって頭のなかで温泉に浸かった。

スイスでは国際都市のイメージがあるジュネーヴに行っていないことはさほど気にし

ていないのだけれど、心残りなのはまだダヴォスを訪問していないことだ。そこはサナトリウム（結核療養施設）の街、トーマス・マンの大長編小説『魔の山』の舞台に選ばれた場所だ。

「魔の山」という邦題は「悪魔の山」を連想させると思うが、原題の《Zauberberg》を忠実に訳すなら「魔法山」が正しい。幻想文学的な要素が入ったリアリズム小説なのだ。僕がドイツ文学を志望した本来の理由は、この小説をいつか研究したいということにあった。主人公がサナトリウムに入院して、だらだらとした怠惰な生活を七年ほど送るのだが、マンなりの意見表明が物語に絡みあわされ、時間とは何かという問題が探求されている。僕よりずっと上の世代の古めかしい「文学青年」によく見られた、文学的叙述を通じて作家の独自の思想を表明するという営為に対して、僕には強い憧れがあった。結局、本格的に研究したことはないのだが、大学院時代にKさんたちと、毎週ドイツ語で読書会を開けたのはありがたかった。授業が終わってから集まり、四、五時間を費やして熟読し、解散して帰宅すると日付が変わっているというようなマッチョな会合だったが、楽しい時間だった。あのころ時間はまるで無限にあるかのように錯覚され、無料の湯水のようにじゃんじゃん使用していた。

いまでも『魔法山』は好きなままだけれど、かつてほど強く焦がれているわけではない。というのも、僕は自分の執筆活動を通じて、自分なりの『魔法山』を構築しているという感覚を得ているからだ。僕のささやかな文学的営為（？）を世界文学史上の傑作と重ねるのは失笑を買うかもしれないけれど、僕はあの独特の歩き方をしながら、どこまでもつづく魔法山を登っていくのだ。

五　色彩ゆたかな巨大ソフトクリーム　モスクワ

僕は宗教的建築物に対して、両義的な思いを向ける。一方ではそれらを美術史的あるいは文化史的に興味ぶかいものとして受けとめ、愛を差しむける。だが他方、それらは僕自身がかつて受けたカルト宗教の教育を思いださせ、フラッシュバックを引きおこす。だから僕は宗教的建築物に、美しい悪魔に対するような視線を投げかける。僕は自分のフラッシュバックを「地獄行きのタイムマシン」と呼んでいる。

僕は小学生のときに、母親から毎日のように肉体的暴力を受けていた。それは母親が信じるようになっていたカルト宗教が、児童を暴力ずくで屈服させることを奨励していたことに起因する。正確に言えば、母親はそもそも暴力的に子どもを屈服させることを正当な教育だと信じていたから、そのカルト宗教に共感を覚えた可能性もある。思春期を迎え、僕の体の大きさが母親の暴力に制圧されるのを拒めるようになるまで、僕の人生は過酷だった。学校に行けば、ほとんどいつも苛《いじ》められて、地獄だったのに、不登校という選択肢はなかった。家庭は学校よりも地獄だったから。

宗教的建築物は、どんなものも善悪の混じりあったものとして僕に迫ってくる。それが理由で、僕はもっとも興奮する宗教的建築物を、モスクワとその郊外の街セルギエフ・ポサードに発見した。モスクワの堀の生神女庇護《しょうしんじょひご》大聖堂、通称「聖ヴァシーリー大聖堂」と、セルギエフ・ポサードの至聖三者セルギイ大修道院。頭のなかでは何度も、モデスト・ムソルグスキーの交響詩『禿山の一夜』原典版がクラウディオ・アバドの指揮、ベルリン・フィルハーモニー管弦楽団の演奏で鳴りひびいていた。この曲はかつてニコライ・リムスキー＝コルサコフによって編曲されたもののほうが有名だったが、最近はより曖昧なニュアンスを含んだ原典版が愛聴されるようになってきていて、僕もそちらのほうが好みだ。

僕はロシア正教の歴史に詳しくはない。僕を支配したカルト宗教はキリスト教を母体にしていたから、一時期、自分の洗脳を解くためにカトリックやプロテスタントについて詳しく学んだ。幼い自分に植えつけられた知識を相対化しようとしたのだけれど、でもロシア正教に関しては深入りしなかった。「キリスト」を「ハリストス」と呼ぶなどの特徴から、奇妙な宗派だなという偏見を抱いていた。

僕はまちがいなく偏狭だったが、しかしロシア正教では「堀の生神女庇護」とか「至聖三者セルギイ」とか、欧米的なセンスとも東アジア的なセンスとも異なる名前が乱舞するから、東アジアに生きる欧米文学の専門家たる僕には、いまでも不可解に見えてしまう。サンクトペテルブルクにある同種の形状の宗教施設に至っては、「血の上の救世主教会」という名を冠している。「血の上」というなまなましさが戦慄を誘う。そして、その三つの施設は、まるで天使でも悪魔でもあるような姿をしている。悪魔のようななんて言ったら信者には叱られると思うのだが、僕はいまでもこれらの建物の威容を、魔法の液体に溶けた悪夢の塗料のように思いだす。非難ではなく称賛の言葉だと思っていただきたい。

堀の生神女庇護大聖堂は、モスクワの中心部、赤の広場に腰をおろしている。近くにはクレムリンがある。この大聖堂は、広場に入るところにあるヴァスクレセンスキー門や、近くにあるレーニン廟などとおなじく赤褐色を基調としているけれど、緑と黄色、真紅と緑、あるいは青と白の巨大なソフトクリームのような塔がいくつも組みあわさった外見を誇っている。夕方になって、逆光でなくなる時刻を迎えると、僕はしきりに写真を撮った。夕方の群青色を背景とした姿、夜になって暗闇のなかにライトアップで明るく浮きあがった姿。ソフトクリームによって、フラッシュバックはやわらげられ、僕は空へと吸いこまれていきそうになる。

この大聖堂を愛《め》でるのに満足した僕は、エレクトリーチカと呼ばれる近郊行きの列車に乗って、モスクワの北東にあるセルギエフ・ポサードをめざした。そこにはまた別の巨大ソフトクリームの束がある。到着した駅を出て、至聖三者セルギイ大修道院をめざして歩いていく。遠くから徐々にその姿が近づいてくる。視界のなかで、白と青と黄金のソフトクリームが、徐々にふくらんでゆく。もう眼前に迫ってくる。まるで蒼穹《そうきゅう》の彼方から堕天使が示現したかのような天使的で悪魔的な姿。これはほんとうに現実の出来事なのか、気が遠くなりかける。

僕はモスクワに戻りながら、日本の作家、埴谷《はにや》雄《ゆ》高《たか》の長編小説『死霊《しれい》』の奇態な言語空間を連想した。イマヌエル・カントの観念やフョードル・ドストエフスキーの言語空間に影響を受けた奇想小説。虚體《きょたい》、自同律の不快、のっぺらぼう、過誤の宇宙史、死者の電話箱などの謎めいた単語が読者に提示されては、不明瞭なまま消えてゆく。登場人物の首猛夫《くびたけお》はこんなセリフを吐く。

――ぷふい！　ここは、真昼時近く、見渡すかぎり明るく輝く水と空の拡がった爽やかな区域で、あの薄暗い屋根裏部屋ではないぜ。（埴谷 2003: 292）

僕は学部生のころ、図書館でこの箇所を初めて読んだときに、あまりの語呂の悪さに魂を撃ちぬかれた。僕は猛夫のセリフを真似てつぶやくようになった。

――あっは、この俺に挑戦するのかな！（同：293）

このようなユーモラスでグロテスクな言語感覚が愛おしい。この人を喰ったような印象のある創作物が、僕のフラッシュバックをなだめ、抑制してくれるのだ。狂気すれすれの哄笑《こうしょう》によって、「地獄行きのタイムマシン」は退いてゆく。おそらく、それは科学者の郡司ペギオ幸夫さんが言う「トラウマの意味の脱色」による治癒なのだ。悲しい気分のときに、あえて悲しみのこもった曲を聴くことで、悲しさが癒える。その曲は作り手のトラウマを〝洗練させた〟もので、それが僕たちのトラウマの意味を吸いだす治癒的な効果があると考えられる。同じようにして、ユーモアの力で洗練されたグロテスクな創作物が、僕たちの心のグロテスクな傷をなだめてくれる。

僕はモスクワのホテルで、自分が見た堕天使が夢ではなかったことを確認するために、撮影した写真を何回も見た。青い空と白い雲を背景として、白と青と黄金のソフトクリームが圧倒的な存在感を見せていた。なんとも甘やかないでたちだ。

だが、モスクワのすばらしさはソフトクリームに尽きるわけではない。地下世界も圧倒的だった。地下鉄駅は、幻想文学の実体化だ。僕たち乗客はエスカレーターで、とても深くへと潜ってゆく。核攻撃に対するシェルターとして兼用することが想定されている。コムソモーリスカヤ駅やタガンスカヤ駅などの、宮殿さながらの内装。地上では奇想天外なソフトクリームの塔、地底ではまばゆいばかりのシャンデリア時空。ヴェー・

デー・エヌ・ハー駅を降りたところにある宇宙飛行士記念博物館のモニュメント「宇宙征服者のオベリスク」の巨大さにも息を呑んだ。宇宙に向かって駆けあがっていくかのような形状だ。「さすが共産主義はやたら大きなものが好きだな」と冷めた視線を向けようとしても、興奮がまさった。それはつぎのページに掲げるような形態だった。

僕は意気揚々とトレチャコフ美術館にも赴いた。並べられた社会主義リアリズムの絵を堪能しながら、共産主義芸術が必ずしも二流の作品ばかり生みだしていたわけではないことを、初めて知ることができ、世界でもっとも好きな美術館のひとつになった。モスクワには作家にちなんだ博物館がたくさんあるけれど、時間の都合で回れなかったのが残念だ。特にプーシキンの家博物館と、チェーホフの家博物館にはどうしても行きたかった。

僕がモスクワに行ったのは秋だった。日本の真冬のように寒かったのだが、建物に入ると意外なほど暖かだった。外の寒さが厳しすぎるため、暖房は日本よりも整っている。凍えそうになりながらプーシキン広場を歩いていき、近くにある食料品店エリセーエフスキーに入ったときのホッとした気持ちはいまでもよく覚えている。あの店も宮殿のように豪華な内装を見せびらかしていた。

僕は脳内で『死霊』をパロディ化しながら、自己内対話を楽しんだ。
「ところで私たちは大いなるマトリョーシカの浮き袋、またはチェブラーシカの餌袋の

1
1
1 1
1 1
1 1
1 1 1
1 1 1
1 1 1 1
1 1 1 1
1 1 1 1 1
1 1 1 1 1 1
1 1 1 1 1 1 1
1 1 1 1 1 1 1 1
1 1 1 1 1 1 1 1 1 1
1 1 1 1 1 1 1 1 1 1 1
1 1 1 1 1 1 1 1 1 1 1
1 1 1 1 1 1 1 1 1 1 1 1 1
1 1 1 1 1 1 1 1 1 1 1 1 1 1
1 1 1 1 1 1 1 1 1 1 1 1 1 1 1
1 1 1 1 1 1 1 1 1 1 1 1 1 1 1 1
1 1 1 1 1 1 1 1 1 1 1 1 1 1 1 1 1 1
1 1 1 1 1 1 1 1 1 1 1 1 1 1 1 1 1 1 1 1 1

なかにいます」

「あっは、俺がマトリョーシカの浮き袋、またはチェブラーシカの餌袋のなかにいるって？　それはどういう浮き袋または餌袋のなかにいるということなのかな」

「浮き袋、または餌袋のなかに、私たちは長く長くいつづけているのです」

「ふーむ、マトリョーシカの浮き袋、またはチェブラーシカの餌袋だって？」

「そうです」

「ちょっ、君らしくなく暗黒的に馬鹿げているが、それはどういうことかな？　浮き袋または餌袋ということは？」

「ぷふい！　マトリョーシカの浮き袋、またはチェブラーシカの餌袋！　クレムリンの幅を遠くよろめきでること、その逸脱のモスクワの苦悩の踏み出しをあえて踏み出し得た私たちも、私たちの生の全体をどっぷりまるごとのみこんでしまっているより大きな幅をもったマトリョーシカの浮き袋、またはチェブラーシカの餌袋の明るい幅からはついにまだその最初の小さな第一歩をも踏み出していないのです」

忘れてはならないのは、おみやげ探しのことだ。ロシアの古めかしい雑貨やおもちゃも、二〇〇〇年代の日本でよく「かわいい」ものとして文化系女子の憧れの的だった。日本で昭和レトロという潮流が生まれたように、ヨーロッパでも共産主義時代レトロが起こっていた。昭和が終わり、冷戦が終わってから一〇年以上が経過し、そのような懐古趣味が発生したわけだ。僕はロシアに行ったら、おみやげをしこたま買いあさろうと決意していた。でも、掘り出し物にはそれほど巡りあえなかった。日本人好みのものは、日本から買い付けに来た業者がごっそりさらっていくし、モスクワ市民も、自分たちの古ぼけた道具が好事家《こうずか》たちにそれなりの値段で売れることを、とっくに承知していた。僕は「ロシアの物価は安いのに、レトロな雑貨は高い」と考えつつ、それでもさまざまなものを買った。日本に帰って人に贈ったものも多いけれど、一部は手元に残っている。

僕の最初のロシア語教師は、先にも言及したカフカ研究者のKさんだった。大学院時代、ふだん一緒に勉強をしていた仲間で集まって、ロシア語の学習会が開かれた。その講師が、Kさん。楽しい時間だった。「ドストエフスキー」の発音はむしろ「ダスタイェーフスキ」、「トルストイ」の発音はむしろ「タルストーイ」だと知った。その学習会が終わったのちは、所属していた大学院のロシア文学の授業に参加し、プーシキンの詩を読んだ。プーシキンはゲーテを好んでいたらしいが、僕にはプーシキンの詩のほうがゲーテの詩よりも好みだった。ロシア語を専門的に勉強していない僕にも親切に手ほどきしてくれた教授が、僕の第二のロシア語教師ということになる。

僕の第三のロシア語教師は、ベルリンに一年ほど住んでいたときに出会った。ドイツには市民大学という行政サービスがあり、公民館でさまざまな学習講座を格安で受講できるのだが、僕はその制度を利用して、さまざまな言語をドイツ語をつうじて学んだ。初級ロシア語を受講すると、教師は東ベルリン出身でモスクワに留学したことがあると語ってくれた。外見はドイツのメルケル前首相を地味にしたような感じで、栗色の髪のおかっぱ頭だった。東ドイツ出身で、ロシアにゆかりがあって、現代のドイツに生きている女性とはこのような外見になってしまうのだなあという偏見を抱いた。「マコトは呼びにくいから、マクシムと呼ぶね」と僕にロシア語名を授与してくれた。ほかのドイツ人の受講生も同様だった。ヨハンはイヴァン、カトリンがエカテリーナというように。実際には呼びにくいということではなくて、ロシア語は人名も語形が変化するから、その練習のためだったのだと思う。

東日本大震災が発生したとき、僕はベルリンにいた。海外での日本の報道は当初の同情的なものから、原発事故を経て、非難めいたものへと変わっていった。鬱屈した僕がロシア語の講座を二回連続で休んでしまったところ、その教師からメールが来て「マコト、あなたの家族は大丈夫でしょうか。こんなことになって、とても落胆していると思います。私もあなたのクラスメイトも日本のことを心配しています」と書かれてあった。

旧共産圏出身者にしばしば感じてきた素朴な優しさに、慰められた。資本主義者は都会的で、共産主義者は田舎的だ。田舎には田舎の良さがある。もちろん都会も田舎も美化するつもりはないのだけれど、いずれにしても彼女はふだんのしゃべり方も、穏和な小学校教師を思わせるものだった。

僕は返信した。「僕が日本で住んでいる街は、地震や原発事故があった場所からかなり離れています。僕の家族は無事です。あなたの優しさに感謝します」。僕はロシア語で書きたかったが、それができる実力に達していなかったため、ドイツ語で送った。ロシア生まれのアメリカ人作家、ウラジーミル・ナボコフが、英語はレモンで、ロシア語はオレンジだと書いていたことを思いだした。母音を発声する際の口の開き方の話だったと思うが、細部は思いだせない。ドイツ語はグレープフルーツあたりだろうか、と無意味なことを考えた。

モスクワで歩いていて、とても危ない目にあった。ホテルに戻ろうとすると、だんだんと歩道が狭まっていって、気がつくと車道だけが広がっていた。夜であたりはもう真っ暗。電灯がほとんどなく、走っていく車のライトでかろうじて空間を認識できる。危険すぎる状況だ。

来た道を戻ろうかと思いつつ、戻っても「これだ！」と思える道はないような気がした。このような判断ミスは、発達障害者らしいと思う。車は眼前をビュンビュン走っていく。四車線もあったが、車と車の間隔は詰まっていないから、その合間を縫うことはできそうだった。僕はこまかなダッシュを繰りかえして、それを実行した。横断歩道はまったくなかったから、そうするしかなかった。方角だけは合っている自信があった。思いだすたびに反省せざるをえない。もし誰かの車に轢《ひ》かれたら、その運転手に申し訳なさすぎる。ロシア語がほとんどわからないから、滞在中、気持ちが圧迫されていた。それ以後、そのような無謀な行動はどこの国でも取ってはいない。

モスクワを旅立つときにも失敗があった。一応、自分を過信せずに、充分な余裕をもって空港に到着していたものの、搭乗口で読書に耽《ふけ》った。これも、言葉が通じない場所で数日を過ごし、気持ちが塞がっていた結果だ。僕は調子が良いときには、発達障害者によく起こる過集中に溺れない。でも、そのときは溺れきっていた。気がつくと、ちょうど飛行機が出発する時刻。僕はカウンターに行って、女性の担当者に乗客だと訴えた。「ああ、あなたですか。アナウンスで、何度も呼びかけましたよ。もう間に合いません」と英語で言われた。すると隣に来た彼女の男性の上司が「ちょっと待って」と発言し、コンピューターを操作して、僕に言った。「二時間後のつぎの便に振りかえることができます。手続きをしますね」。僕はほっとして、ロシア語で「スパシーバ、バリショイエ・スパシーバ！」（ありがとう、ほんとうにありがとう！）と言った。僕が口にできる数少ないロシア語だったが、顔をあげて周りを見ると、別の男性の職員が「半笑い」で僕を見ていた。ロシア語のレベルの低さが露呈した瞬間。「ダメな東洋人だなあ」と思われてしまったはずだ。

六　言語は楽しく難しい

サンクトペテルブルク

大学院生のころ、ドイツ語の大学教師を務めていた先輩のSさんに、「僕、いつかロシアに行きたいんですよね」と告げた。Sさんは「僕はプーチンが仕切っているあいだは行きたくないね」と答えた。その正義感をにじませた発言に、僕は「左翼の人はまじめでたいへんだな。もっとも左翼は、右翼でない点において、ある程度まで評価できるけど」と生意気なことを考えた。

それから二〇年近くが経ったけれど、プーチンはいまでもロシアを「仕切っている」。僕はプーチン政権が支配しているあいだに、ロシアに二回、行くことになった。

サンクトペテルブルクには、モスクワより先に行った。そのころは「海外初心者」のなかの「海外初心者」と言うべき青年で、異常なほど写真を撮るのに夢中だった。まだスマートフォンが普及していない時期で、デジタルカメラで撮りまくった。日本でもおもしろい風景、綺麗な風景を見たら、日常的に写真を撮っていた。発達障害らしい「過集中」だ。日本でも僕のまわりの人たちは、僕のことをカメラ大好き人間だと思っていたようだ。実際にはカメラという機材にはほとんど興味がないのだけれど。

どこかに行くたびに、おびただしく写真が増えた。一日に何百枚も撮影することがあった。一ヶ月で一万枚以上を撮影したこともあった。ロシアに行くまえは、あらかじめ滞在場所などを決めてビザを取得しなければならない。僕はサンクトペテルブルクの真ん中を貫くネフスキー大通りに面したゲストハウスを選んだ。渡航前にひときわ面倒な手続きを経たことで、ロシア旅行の貴重さが際立って感じられ、今回の機会を存分に堪能しなくてはいけないと考えて、異様なほどに写真を撮りまくった。

プールコヴォ国際空港からそのゲストハウスまで、オーナーの娘が迎えにきたが、僕があまりにいろいろ写真を撮りたがるので、見るからにうんざりした様子をしていた。ゲストハウスに着くと、彼女は母親に僕の写真マニアぶりを伝えていた。「この日本人、やたら写真を撮って、不気味だ」と言っていたと思う。ロシア語がわかったわけではない。だが日本人男性を意味する「イポーニェッ」、写真を意味する「フォト」という単語は聴きとれたから、そう言っていたのだと思う。母親は「よくあることだ」と言いたげに、娘の抗議をなだめていた。僕はその場に立ったまま、いなくなったふりをしていた。

いまでは海外を旅行しても、そのころが反転したかのように、僕は写真撮影をほとんど控えている。海外経験を重ねるうちに、「やたら写真を撮りたがる」というのが、日本人観光客の国際的に普及したイメージだということを理解したからだ。たとえばGoogleの画像検索で〈Japanese tourists〉を検索してみていただきたい。時と場所と状況をわきまえずカメラやスマートフォンを構えている日本人の画像がたくさん出てくる。「観光客」なら誰もが写真を取りたがるものではないか？　と思う人もいるかもしれない。そのとおり、実際日本に来た海外の観光客も、しばしば無神経に写真を撮影する。でも、国際的にはそれは日本人に付与されたイメージなのだ。

原因は、欧米社会にやってくる異文化圏の者たちと言えば、日本人が主流だった時代が長く続いたことにある。欧米社会の世界地図では、日本は東の端に位置している。それは世界の果て、というイメージを与える。露骨に言えば「ド田舎」ということ。そんな辺境から大挙して押しかけてきて、どこであろうと写真を撮りまくり、帰ってゆく。「ド田舎」から出てきた人たちのイメージどおりということになる。僕はこの日本人イメージが広まっていると痛感させられる場面を、つまり「田舎から来たおのぼりさん」として扱われる場面を、ゲップが出るくらい何度も体験した。意地悪な外国人の語学教師から、日本人が猿のような笑顔を浮かべて、道ゆく迷惑そうなヨーロッパ人に向かってカメラを構えている写真を渡され、「どう思う？」と質問をされたこともある。

そのようなわけで、僕は海外に行ってもほとんど写真を撮らなくなってしまった。日本人が同行していると、彼らはやはり写真を撮りまくる。「どうして横道さんは写真を撮らないの?」と尋ねられる。僕は「写真は撮るのも撮られるのも苦手で」と言って誤魔化している。

サンクトペテルブルクに滞在したのは、夏の白夜が終わったあとの時期だった。深夜の数時間、夜が来るのだが、それでも日付が変わる時間になっても昼のように明るい。僕はすみやかにドストエフスキーの『罪と罰』を思いだした。あの作品は白夜の時期の、この街の物語なのだ。僕はおもしろがって、遅い時間まで昼のような街なかを歩きまわった。『罪と罰』の主人公ラスコーリニコフが暮らし、ふたりの老婆を殺しもした一帯にあたるセンナヤ広場通り、凶器や盗品を隠したイサク聖堂周辺、ラスコーリニコフが通っていたサンクトペテルブルク大学一帯。殺人者の物語ということから、僕は当時中毒に罹ったかのように偏愛していた我孫子武丸の『殺戮にいたる病』も連想し、犯人たちの心理を空想しながら徘徊した。

エルミタージュ美術館には長い列ができていて、並ぶかどうか少しだけためらったけれど、この街まで来て入らなかったら死ぬまで後悔すると考え、並んだ。僕の内部で注意欠如・多動症の衝動性がざわざわするため、列に並んで待つのがとても嫌いなのだ。ロンドンの大英博物館、パリのルーヴル美術館、ニューヨークのメトロポリタン美術館、マドリッドのプラド美術館、ヴァティカン市国のヴァティカン美術館、そしてこのエルミタージュ美術館は、死ぬまでに一度は行きたいと昔から憧れていた。イギリス、フランス、アメリカ、スペイン、イタリアに比べると、ロシアに出かけるのは敷居が高い。だから僕はエルミタージュ美術館前の広場にいる段階でも、すでに深い達成感を覚えていた。

もちろん美術館の充実ぶりにも驚嘆したが、「ロシア帝国とソ連による略奪の歴史がここまですごいとは?」と困惑した。ただし、そんなことを言ったら、先にあげたほかのミュージアムにも同じことが言える。レオナルド・ダ・ヴィンチの『リッタの聖母』、エル・グレコの『使徒ペトロとパウロ』、ルイ・ル・ナンの『牛乳屋の家族』、ピエール＝オーギュスト・ルノワールの『女優ジャンヌ・サマリーの肖像』などに心がとろかされた。とりわけ感動したのは、アンリ・マティスの『ダンス』と『赤い部屋』、そしてパブロ・ピカソの陶器類だった。ピカソが制作したある皿は、レプリカで良いから手元に置いておきたくなったほどだ。上半分に緑、下半分に青が塗られ、その上下に一頭ずつの雄牛が配置されている。じつは、その皿はその数年前からネット上の情報で知っていて、若いころからメールやSNSの自分のアイコンに流用していたのだが、その実物がこの美術館にあるということは知らなかった。僕は自分の分身に遭遇したかのように、息を呑んだ。

サンクトペテルブルクでは、血の上の救世主教会を見た。モスクワやセルギエフ・ポサードにある巨大ソフトクリームを束ねた教会の同類だ。いかにもロシア的なキリスト教施設。血の上の救世主教会も、青と白、青と黄、金色などのソフトクリームが愛らしいが、堀の生神女庇護大聖堂に比べると色彩設計の衝撃力が劣っているように思う。とはいえ、「血の上の救世主」という名前にはいつも戦慄が走る。こういうなまなましい、しかし殺伐としているのではない、不思議な愛嬌も感じさせる語感に、僕は惹きつけられる。

ゲストハウスでベッドに転がりながら、旅行ガイドブックに書いてあった「ロシアの休日」に関する情報を見て、おもしろく思った。二月にはソ連の赤軍がドイツ帝国に勝利した祖国防衛の日があり、五月にはソ連がナチス・ドイツに勝利した戦勝記念日があり、一一月には、一七世紀にポーランド支配を脱したことを記念する民族統一の日がある。さすがは軍国主義の国の祝日だと納得した。

若いころ、日本に関心のないアメリカ人とインターネットで知りあって、「本に書いてあったんだけど、日本には〝こどもの日〟があるってマジ？」と尋ねられたことを思いだした。僕が「うん、ある。五月五日」と答えると、相手は爆笑して「マジなんだ！いったい子どもが何を成しとげたって言うんだよ！」と叫んだ。僕が「子どもの成長、大切さを祝う日なんだよ」と説明すると、相手は「あああー、なるほど、そういう発想の祝日があるんだ」と驚いていた。僕たちはロシアの祝日を軍国主義的で異様に感じるけれど、日本の「こどもの日」はもちろん、「海の日」や「山の日」もすっかり「平和ボケ」で、別の国の多くの人たちにとって異様なのかもしれないと気がついた。

サンクトペテルブルクでは、警官たちがいかにも重たげなマシンガンで武装して歩いていた。僕は何度も職務質問を受け、パスポートの提示を求められた。「パスポートをなくしたらたいへんなことになりそうだ」と冷や汗が出た。彼らは、僕が取りだしたパスポートの表紙に〈JAPAN〉と書いてあるのを見ると、即座に興味をなくして「行っていいよ」と追いはらうような手の動きを見せた。

その話を数年後、僕にロシア語を教えてくれていたキルギス人の教師に話すと、彼女は「中央アジア出身のテロリストがいるから」と教えてくれた。僕は彼女からロシア語を教えてもらうまで知らなかったのだが、キルギス人は日本人と外見がそっくりなのだ。あくまで僕の主観だが、中国人や韓国人よりも日本人に似ていると思う。ブータン人やヴェトナム人のように、日本人に似ている。僕にロシア語を教えてくれていた女性教師は「日本の芸能人では阿部真央が好き」と言っていて、実際に阿部真央になんとなく似た顔立ちだったから、僕は内心でなんとも言えない気分になったことがあった。彼女には僕と同じく斜視があったが、知的かつ控えめな女性で、母語はキルギス語だが、キルギスの公用語のロシア語を母語同様に操ることができた。

キルギスは中国の歴史書には堅昆《けんこん》などの部族として記されている。中世にはモンゴル帝国の支配を受け、イスラム帝国の影響を受けて現在も四分の三の国民がイスラム教徒、そしてロシア帝国に編入されてロシア化が進められて、ソ連が崩壊したあともキルギス社会の中枢ではロシア系の国民が影響力を誇ってきた。二一世紀になり、イスラム社会と欧米社会の軋轢《あつれき》が高まった煽りを受け、欧米とは一線を画するロシアでもさまざまなテロ事件が発生するようになった。それを実行するイスラム教徒の一部がキルギス人なのだ。

日本人にそっくりな顔立ちの、日本に憧れつつロシア語を十全に操り、イスラム教徒で、一部はテロ活動のために命を投げだそうとしている人々。僕はそのような人々がいるということを一度も考えてこなかったため、国際社会の広大さと複雑さに唖然とした。彼らはプーチン政権を倒そうとして、テロ活動に身を投じる。僕はそのような政治的な問題に関心を向けず、ロシアの文化的な「うまみ」だけをすくって味わっていた。

ロシア語をもっと勉強したかったものの、僕はさまざまな事情から続けるのをやめてしまった（その最大の理由については、カイロについての項で書く）。先に僕の第三のロシア語教師まで言及したけれども、阿部真央似の彼女が、僕の第四のロシア語教師だった。第五のロシア語教師にはまだ出会っていない。

小説を読んでいて、主人公が遁走する場面を読むと、僕はよく自分のロシア語からの遁走を連想する。コロンビアの作家、ガブリエル・ガルシア＝マルケスの短編「純真なエレンディラと邪悪な祖母の信じがたくも痛ましい物語」で、ヒロインのエレンディラは、自分の祖母に搾取されている。恋仲になった美青年のウリセスがその祖母を殺害してくれると、エレンディラは金の延べ棒入りのチョッキを攫《つか》み、テント小屋を飛びだして、恋人からも逃げさる。

風に抗い、鹿よりも速く走り続ける彼女を、この世のいかなる声も引きとめることはできなかった。後ろを振り向きもせず、熱い水蒸気が立ち上る硝石の上の水たまり、滑石の火口、まどろんでいるような水上集落を駆け抜けていく。やがて自然が生んだ知恵の宝庫の海が尽き、砂漠が始まった。それでもなお、金の延べ棒入りのチョッキを持った彼女は、乾いた風や決して暮れない日暮れの向こうを目指して走り続けた。そして彼女の消息は些細なことすら二度とわからず、その不幸の痕跡も爪の垢ほども見つからなかった。（ガルシア＝マルケス 2019: 213）

ほかの小説を読んでも、似たような描写でロシア語からの僕の遁走を連想する。日本の作家、綿矢りさの中編小説『ひらいて』のなかで、ヒロインの女子高生、愛は、学校を飛びだして電車に乗って、去ってゆく。

電車は町を抜けると、高層の団地が立ち並ぶ郊外へ突入した。窓から見える景色が途端にのっぺりと広くなり、田んぼやビニールハウスが増えてくる。電車は広い川の上の鉄橋に差しかかった。川はゆったりと流れ、陽を受けた水面はきらきらして、反射した光が橋げたに網目模様になって揺らめいている。背丈ほどもある雑草が生い茂った中洲では、長靴を履いた釣り人が、竿をしならせている。(綿矢 2015: 180)

美しい描写だ。僕は自分の遁走を美化しようとしているのかもしれない。僕のロシア語学習は中途半端になってしまったから、いつかは、もしかしたら老後に、再開してみたいと思う。

ゲストハウスから空港まで送迎をしてくれた男性は、車を運転しながら音楽を流していた。僕は「ロシアのポップ音楽？」と英語で質問した。彼は吹きだして「いや、アメリカの曲だよ」と英語で答えてくれた。英語を聴いてロシア語だと思うなんて、僕の英語力は大丈夫なのだろうかと首をひねった。車窓から流れていく殺風景な風景が、むしろ心地よかった。ロシアへの旅行を経て、「せめてもの命綱として、英語くらいはペラペラになろう」と決意したことを思いだす。そのころはまだ英語ですら口頭のコミュニケーションが、ほとんどできなかった。ロシアへの旅行を経て、よく驚かれるのだが、僕はふだんの日本語も、外国語をしゃべるかのような感覚で話している。自分が得意なドイツ語、英語、スペイン語によって口頭で表現できなそうな内容を、日本語でも話さないようにという「マイルール」を自分に設定している。そうしないと自分の危ういバランスが砕けちってしまいそうな不安を抱いているのだ。自閉スペクトラム症の強烈なこだわりのせいから、そうなったのだと思う。また、言語とは根本的にその共同体の多数派のもので、少数派にとって必ずしも使い勝手が良いものとして設計されていないから、僕なりに日本語を使いやすく変形させているかもしれない。

これまで一〇種類以上の言語を学んできた結果、僕のなかで各言語が相互に綱引きをしあっている。ほかの言語で使えない表現を、能力的には表現できる言語でも使わないようにと、それぞれの言語が規制しあっている。珍妙な事態だと思う。このようなわけで、僕の言語表現は日本語も含めて独特の様式を帯びている。自分の言語表現が不自然になるのを諦めつつ受けいれ、表現としてなお魅力的にしていくにはどうすれば良いのかと、僕は模索しつづけている。

七　精神の極北

ダッハウ

ドイツに行くと、ビールが好きで良かったと心から思う。ドイツビールは約五〇〇〇種あると言われている。僕が好むのは一三八三年以来の歴史を誇るレーベンブロイ。特に輸出用に生産される瓶入りのレーベンブロイ・オリジナルのラベルは、青地に金獅子の紋章が水色を背景にしていて、見た目にも心地よい。安く買えるのに、日本のどのビールよりもおいしく感じる。もちろん、ほかにもおいしいビールはたくさんあり、そのビール文化をもっとも堪能できる街がミュンヘンと言って良い。

ミュンヘンは、バイエルン王国の首都だった。その王宮は現在、レジデンツという名の複合的な文化施設になっている。アルテ・ピナコテークとノイエ・ピナコテークという良質な美術館があり、後者ではゴッホの『ひまわり』の一枚を見ることができる。そして、ミュンヘンにはたくさんのビアホールがある。特にホーフブロイハウスは人気だ。体育館のように広く、ナチスがまだ大きな勢力ではなかった時代に、党大会の会場として使用されたこともある。

ミュンヘンを擁するバイエルン州には、バイロイトという街もある。リヒャルト・ヴァーグナーの楽劇《オペラ》を用いるバイロイト音楽祭で有名な街だ。ヒトラーはヴァーグナー作品の熱狂的な愛好家だった。同じくバイエルン州にはニュルンベルクもある。ナチス政権が崩壊したのちには、この街でニュルンベルク国際軍事裁判が開かれ、生きのこったナチスの幹部たちが戦争犯罪者として裁かれた。全盛期にナチスはここで大規模な党大会を開き、映画監督レニ・リーフェンシュタールに『意志の勝利』というプロパガンダ映画を作らせた。その映画は語弊はあれど傑作と言える出来栄えで、政治的言説と党員たちの映像が神話的な詩となって躍動している。僕にはメキシコの詩人オクタビオ・パスが『弓と竪琴』で示した詩学が思いだされる。

詩の吟唱は一つの祝祭——感応——なのである。そして、そこで共有され、再創造されるのがイメージである。詩は参加において実現されるが、それは根源的瞬間の再生に他ならない。従って、詩に対する考察は、詩的体験の考察に通じる。詩的リズムは神話的時間を類推させずにはおかないし、イメージは神秘的なことばを、また参加は魔術的な錬金術と宗教的感応を類推させる。このように、詩的行為はあらゆる面で、聖なるものの領域に入りこんでいる。しかし、あらゆることが——原始的心性から、ファッション、政治的狂信、そして犯罪にいたるまで——聖なるものの一形態と見なされうるのである。この概念——精神分析学の立場からも、歴史主義の立場からも乱用されてきたのだが——の豊かさは、われわれを最悪の混乱におとし入れかねない。（パス 2011: 193-194）

ミュンヘンを含むバイエルン州は、ドイツでも独特な地域だ。この土地はナチスの歴史と結びつきすぎている。だから僕はバイエルンに行くとき、ここにどれだけ多くの魅力があるとしても、気が重くなってしまう。

バイエルンは、ちょうどイギリスのスコットランドやカナダのケベック州のように、中央からの分離独立志向が伝統的に強い地域だった。ドイツ人と「ドイツあるある話」のようなものを楽しんでいると、僕が発言した内容について「もう、バイエルンはドイツじゃないってば」と冗談でツッコミが入る。だが困ったことに、国際社会で「ドイツ」と聞いて多くの人が思いうかべているのは、バイエルンの文化なのだ。典型的にはビールのオクトーバーフェストや、自動車メーカーのＢＭＷ。ドイツの観光地としてもっとも人気が高いノイシュヴァンシュタイン城もバイエルンにある。あなたがドイツ人という国民に対して、アクが強そうな人々と想像してしまうなら、その印象の原因はバイエルン人に由来する。だからドイツ人はしばしば苦笑いをしながら、「ドイツ人とバイエルン人を混同しないでね」と念を押してくる。

実際、バイエルン州はドイツの多くの地域よりも、ドイツの南にある国オーストリアと気質が通じるところがある。でも「ドイツ人とオーストリア人を混同しないでください」と言われれば、僕たちはすなおに反省できる。オーストリアもドイツ語圏に属しているとはいえ、ドイツとは実際に別の国なのだ。だが、バイエルンはドイツの一部なのに、オーストリアのような扱いをされることがある。僕は授業で、こんなふうに事情を説明する。

「ドイツ語圏で長らく最大の影響力を誇った街は、オーストリアの首都ウィーンでした。中学や高校の歴史で習ったと思いますが、ドイツ北部のプロイセンを中心とする新興地域がドイツ帝国を作り、もともと最重要の地域だったオーストリアが排除されたのです。これはたとえば、戦国時代の天下統一の過程で、東京あるいは関東を中心として日本がまとまる一方で、もともとの中心だった京都周辺が別の国になったというような事態です。アドルフ・ヒトラーはオーストリア出身なのですが、ドイツ語圏を統一し、さらに周囲のヨーロッパ諸国を植民地化する野望を抱いて戦争を開始し、それが第二次世界大戦へと拡大しました。その過程で、ヒトラーはオーストリアをドイツに併合しました。この経緯があるために、戦後ドイツとオーストリアの合併は永久に禁止されています。

さて、オーストリア出身のヒトラーが率いたナチスは、もとはドイツのバイエルン州で活動していた政党でした。バイエルンは強烈な個性を持った地域で、オーストリアに隣接しています。日本にたとえれば、京都に隣接した大阪によく似ていると思います。右派ポピュリズム政党の日本維新の会が大阪から誕生した事実は、ナチスがバイエルンから生まれたことと並行している現象に思えます。バイエルンとはそんな感じです。〝コテコテ〟の文化です。ヤンキーっぽいのです。そして住民はそのアイデンティティに誇りを抱いているのです。ところで大阪は、日本好きの外国人にかなり評判の良い街です。明るくて個性がわかりやすいからでしょう。そこで考えてしまうのですが、外国人が日本の文化は大阪の文化に代表されると考えてしまったら、大阪以外に住んでいる日本人たちはどう思うでしょうか。〝大阪は日本じゃないよ〟と言いだしかねません。〝大阪は純粋な日本でなくて日本のイタリアだ〟と主張するかもしれません。ベルリンは東京のようなもの、ウィーンは京都のようなものですが、彼らは大阪人みたいなバイエルン人がドイツ語圏全体を代表している現状を、はたして黙って見過ごせるでしょうか？　もちろん、できません。これがドイツの文化問題です」

以上の説明はかなり笑いの要素を混ぜこんだもので、ドイツ語の初学者には受けが良い。特に僕は京都の大学で教えていて、大阪在住の学生も多いから、京都や大阪との比較をおもしろがってくれる。僕は「これはしかし、やや極端な説明なので、ドイツとは何か、バイエルンとは何か、オーストリアとは何かという問題は、みなさんが現地で実際に体験してください」と案内して話を終える。

ダッハウも、同じバイエルン州でミュンヘンの郊外にある。ミュンヘンのマリーエン広場からバスに乗って、この街に到着できた。人口四万人程度のなんの変哲もない街に見えるけれど、街の外れに学校の校舎のような建物があって、鉄柵の門に〈ARBEIT MACHT FREI（アルバイト・マハト・フライ）〉という文字がデザインされている。「労働は自由にする」。ここで働けば自由を得られるという意味だ。これがどういう施設か想像がつくだろうか。

一九三三年一月にヒトラーが政権を獲得したが、そのわずか二ヶ月後、この街ダッハウに左翼の政治家や文化人を収容し、転向させるための収容所が建設された。これが、僕が訪れた施設の正体、ナチスの強制収容所の第一号と言われるダッハウ強制収容所だ。初期の強制収容所はユダヤ人を対象としたものでも、虐殺を目的としたものでもなかった。だが、ここから六〇〇万人のユダヤ人が虐殺される歴史が始まった。八〇〇〇万人が死んだと言われる第二次世界大戦中、ヒトラーは戦局の全面的な悪化を受けて、その責任を転嫁するかのように、ユダヤ人に対する組織的な殺戮を開始した。その歴史の始まりを自分の眼で見ておきたかったのだ。

僕はポーランドの街オシフィエンチムにはまだ行ったことがない。ポーランド名をオシフィエンチムというその街は、ドイツ語ではアウシュヴィッツと呼ばれる。ここにあったアウシュヴィッツ＝ビルケナウ強制収容所は最悪の絶滅収容所として知られている。日本からも多くの人が観光に行くそうだ。「ダークツーリズム」と呼ばれる、人類の負の遺産を体感するための観光旅行。僕自身はアウシュヴィッツに行くことにうしろめたさがあった。広島の原爆ドームを訪れて、「ほんとうの地獄を知った。やるべきことはやった」と感じるのは、真の意味で倫理的だろうか。同じような思いを「アウシュヴィッツ詣で」にも抱いていたのだ。言うまでもなく、長崎の原爆で死んだ人の数が広島で死んだ人の数より少ないから、長崎の悲劇が広島の悲劇より「軽い」わけではない。ひとり死ぬだけでもたいへんなことだ。そこで僕はアウシュヴィッツに行って何かをわかった気になるよりも、ダッハウに行って、さまざまなことに想像力をめぐらせてみようと思ったのだ。

「労働は自由にする」という言葉が僕を苦しめた。初期の収容所では、収容者たちに労働を課し、健康的なものと指定された右翼思想に彼らが鞍替えするように仕向け、転向すれば自由を与えていたようだ。だがのちには収容者たちを強制労働に従事させた。収容者たちは、その絶望の果てに命を奪われ、現世の苦しみを逃れるという自由を得た。それこそが、「労働は自由にする」ということの意味だ。だからその標語は不気味を極めている。

ダッハウの強制収容所跡には、シャワー室があった。ナチスはそのようなシャワー室を使い、水でなく毒ガスを送りこんで、収容者を殺していた。ところがダッハウを含めてドイツ国内の強制収容所では、じつはシャワー室がガス室として使われたことはなかったという事実が明らかにされている。ヒトラーがユダヤ人たちをガス室に送りこんだのは、ドイツ国外の占領地に作った強制収容所でだった。ダッハウ強制収容所は、殺戮を目的とした場所ではなかった。でも、だからといって安全な場所だったわけではない。そこでは人体実験が実施され、人体が低気圧や低温にどれだけ耐えられるかが調査された。人々が虫けらのように殺されたり、死ぬまで残る後遺症を負わされたりした。別の収容所では、人体のさまざまな部分を切断あるいは切除して、どのくらい人体が脆《もろ》いかを確かめる実験もおこなわれていた。

自閉スペクトラム症では、小さな出来事でも心的外傷《トラウマ》が発生しやすい。心理学用語の、些細なことで不機嫌になる性質を示す「易刺激性《いしげきせい》」や「易怒性《いどせい》」という言葉にならうなら、いわば「易《い》トラウマ性」があると思う。僕たちは記憶のあり方が標準とは異なっていて、定型発達者が些細と見なすことを克明に記憶していたり、逆に彼らが重要視することを簡単に忘却したりする。強烈で苛酷な出来事によるトラウマは、定型発達者にももちろんあるけれど、自閉スペクトラム症者の場合は、些細な傷でも積みかさなって、トラウマが溜まっていることが多い。さらに僕は、知識として得た人類史のさまざまな悲惨を自分の実体験となかば自動的に織りあわせながら生きてきてしまった。そうしていまの僕は、トラウマの海を漂う哀れなクラゲと化している。

僕がナチスの強制収容所のことを初めて知ったのは、母親によって信仰を強制されていたカルト宗教の出版物によってだった。この組織は世俗社会の政治システムに従わないことを教義のひとつとしており、徴兵に関してはつねに良心的兵役拒否を選ぶことを要求する。そこで信者たちは、ナチスの強制収容所で殺戮の対象になった。戦後、このカルト宗教は信仰心ゆえに良心的兵役拒否を貫いたと、自分たちの過去を歴史上の美談として語りついでいる。だがこの宗教は子どもたちに教義を教えこむために体罰が効果的だと喧伝してもいた。そこで僕たち「宗教二世」は自宅で絶え間ない肉体的暴力にさらされ、親に殺された子もいた。

ナチスの強制収容所は、僕に複雑な設問を課す。悪はどこに存在するのか？　僕はヨーロッパのバロック時代に流行した善の遍在とは逆の主張に傾いている。それは悪の遍在だ。東アジア流に言えば、性善説よりも性悪説を信じる。僕は戦争に反対して殺されていったカルト宗教の信者たちをかわいそうだと思う。まちがいなく、そこにはひとつの悲惨がある。だが僕自身はどうなるのか？　僕は数珠繋ぎのように考えてしまう。ユダヤ人の運命は不幸そのものだった。だが第二次世界大戦が終わったあと、パレスチナ地域に入植したユダヤ人が殺しまくった、アラブの人たちはどうなるのか？　困惑が連鎖してゆく。

アメリカの作家ドルトン・トランボの反戦小説『ジョニーは戦場へ行った』を読んだときにも、僕は殺されたカルト宗教の信者たちのことを思った。この小説の主人公は、戦場で手足をすべて失い、両眼、両耳、鼻、口をいずれも潰されて、触覚だけを残された文字どおり「生ける屍」として病院に入り、延命措置を受けている。彼は「殺してくれ！」と心のなかで――口は潰れているので――何度も叫ぶ。トランボは戦争を告発し、良心的兵役拒否を訴えるために、この作品を書いた。主人公は絶望して思う。

戦争が勃発し、そこに向けるべき銃があり、発射すべき弾丸があり、殺されるべき人間がいるとしても、それはおれたちでない。〔…〕／それは君たちだ――戦争へおれたちを引っぱりだし、おれたちに激励を与え、ひとり死すともまたひとりの人間を得、またべつの男を殺させ、またひとりの人間を手に入れ、べつの人間を殺すためにのみ生きたいと願い、ただ生きたいと願う君たちだ。このことを思い知れ。このことをよく思い知れ、戦争計画をたてる人たちよ。このことを思い知れ、愛国者よ、激昂するものよ、憎悪するものよ、スローガンを作りだすものよ。君たちは一生のうちで思い知ることはけっしてないのだから。（トランボ 1971: 272）

僕はこの主人公の心の叫びに涙が込みあげて仕方がない。そうしながら、僕は僕の少年時代を破壊したカルト宗教による暴力が記憶の嵐となって襲ってくるのを耐えている。こうして僕の体験世界はますます分解してゆき、すべてはどこまでも歴史の水中世界へと拡散してゆく。青い、青い世界のなかへと──。

八　青の幻想

イスタンブール

修士課程のころ、イスタンブールから留学してきた年上の男性の下宿に遊びに行って、トルコ料理を食べたことがあった。焼いた羊肉を薄く削って、辛口のソースをかけ、豊富な野菜やヨーグルトとともにバンズに挟んだドネルケバブのサンドイッチ。これは日本人の口に合うぞと思った。そのころはまだ街なかでトルコ料理の店を見たことがなかった気がするが、もしかすると、貧乏だった僕の視界には、外食店の姿があまり入ってこなかったのかもしれない。

よく知られているように、イスタンブールはボスポラス海峡によって、アジア側とヨーロッパ側に分かれている街だ。ヨーロッパ側には金角湾と呼ばれる食い込みの深い湾岸があり、その南側に旧市街が、北側に新市街が広がっている。僕はこのような独特な空間関係に魅せられる。ベルリンの魅力のひとつも、かつてふたつの街に分断され、現在でもその名残を感じられるところにあると思っている。いま自分はきわめて特殊な時空にいるという感慨を得ることができるのだ。

イスタンブールで新市街のホテルに泊まってすぐに、近隣のガラタ橋に出かけて、サバサンド（鯖や野菜をバゲットに挟んだサンドイッチ）を売っているおじさんから、ひとつ購入した。そんな日本人の口に合わなそうなものは、やめておけばいいのに、僕は研究熱心にも食べた。軟弱な僕の体はすぐに具合が悪くなり、吐き気を覚えた。観光を始めたかったが、きょうはもうだめだと知った。その晩はホテルのトイレで何度も嘔吐した。

翌日は悪寒がして、ホテルで寝こんだ。青魚とパンの組み合わせは、日本人には我慢できないものがある。日本人を一般化して申し訳ないのだが、そのように思うのだ。のちに僕は、ドイツのハンブルクを訪れたときにも、ニシンサンドを食べてしまった。イスタンブールで得たトラウマを治そうと考え、食べて、また具合が悪くなって、吐いた。発達障害があると、同じ間違いを飽きずに何度も繰りかえす傾向がある。もしかすると僕は青魚に軽いアレルギーがあるのかもしれない。

ほかの街でも体を壊したことはあった。冬に何回目かのパリ旅行をしたときも、一度だけ夏にバルセロナに行ったときも、体を壊してベッドでずっと寝ていた。パリでは風邪を引いた。バルセロナでは熱中症になりかけた。それでも、僕は旅先で寝こむことを、わりと好んでいる。「ここで休憩を取れと、体がブレーキをかけたのだ」と自分に言いきかせる。いまは過集中からのクールダウンが必要なのだと思いなす。

気がつくと、僕はいつもやりすぎている。研究活動に果てしなく時間を割いてしまう。飽くことなく探究精神を発揮してしまう。そして気がつくと、体が精神についていけなくなっている。肉体は鈍化し、精神は無感覚になる。つまり暴走しすぎた体を、自動ブレーキが制御するのだ。僕は「僕の頭は微妙な水準なのに、体はなんて賢いのだろう」と驚く。

旅先で寝ていると、「わざわざ自分は金と時間と労力を費やして、ホテルに寝に来たんだな」と考える。それは、ある意味でものすごい贅沢ではないだろうか。北米西岸の先住民族のあいだには、自分の貴重な財産をわざと損壊することで、相手に対する歓待の意を示すポトラッチという文化習俗が存在していたそうだ。壊すことで、相手のためならこんなことすらできるんだぞ、と気前の良さを示すのだ。それが極上の歓待になる。僕が旅先で体を壊して寝ることは、そのポトラッチだった。僕は自分の貴重な金と時間を使って、こんな無駄な状況を謳歌しているのだと誇らしく感じた。たぶん人は僕をバカだと思うかもしれない。

発達障害者たちは、しばしば「自分のなかで自閉スペクトラム症と注意欠如・多動症が喧嘩する」ことを話題にする。多くの発達障害者には、このふたつの障害が併発している。それなのに、自閉スペクトラム症の特性とされているものと、注意欠如・多動症の特性とされているものが、逆のベクトルを向いているように感じられることが多いのだ。

たとえば僕の場合、自閉スペクトラム症の「こだわり」の特性がとても強い。他方で注意欠如・多動症の「衝動」の特性も強い。そうすると、「衝動的にこだわる」という併せ技が恒常的に発動することになる。これによって、僕の生活は「常駐的な研究活動」と呼ぶべき事態を生みだしている。つねに何かを研究しないではいられない。だが、そのような「生きた実験室」は、精神にも身体にも多大な負担をもたらすから、僕はすぐにパンクしてしまう。病気で寝こんだり、そこまで行かなくても虚脱状態の時間が続いたりする。場合によってはそれで一日の残り時間が潰れる。僕はせめてそのパンク中の時間を有効に使おうと、ネットサーフィンをして、自分が知らない事柄の初歩的な知識を集めていく。不案内な分野の軽い情報を投網《とあみ》で大雑把に掬《すく》っていく程度なら、パンク中でも実行可能だからだ。転んでもタダでは起きない術と言えよう。

イスタンブールでも、そんな虚脱の時間を過ごした。イスタンブールをほとんど歩きまわらないうちに寝こんだが、少しだけ見たこの街は、旅行ガイドブックから伝わってくるイメージ通りだった。アジア的なのにヨーロッパ的。ロシアにも通じるおもしろさだ。

ベッドで寝ているあいだ、宮崎駿のマンガ版『風の谷のナウシカ』を頭のなかで再生して読んだ。自閉スペクトラム症者にはサヴァン症候群の当事者が混ざっている。知的障害を持ちながらも、ごくかぎられた分野で驚異的な天才を発揮するという人々だ。僕はそのような天才ではないけれど、頭のなかで好きなマンガのコマをランダムに再生して反芻《はんすう》するくらいはできる。コマによっては本物そっくりに克明で、記憶から再生された視覚情報には、思い入れのある場面が残り、そうではない場面が脱落しているから、濃密なシロップのような芳醇さがある。

『ナウシカ』も「アジア的なのにヨーロッパ的」なイメージを帯びている。よく知られているように、この作品のマンガ版はアニメ版をはるかに超えた傑作だ。巨神兵という生物兵器による終末戦争を意味する「火の七日間」の悪夢的光景、ナウシカが腐海でやっているひそかな胞子採集の楽しみ、洪水のように押しよせる激昂した王蟲《オーム》の群れ、人類を含めた生物群が「火の七日間」ののちに作られた人工生命体だと明らかになる恐るべき展開、戦争を進める両勢力の血塗られたなまなましい政争、ナウシカが「森の人」や「墓所」と交わす心霊現象のような対話……。

僕がイスタンブールで寝込みながら、『ナウシカ』を思いだしたのは、この作品に登場する国家のひとつが「土鬼《ドルク》」だったことに関係していると思う。「ドルク」の音は「トルコ」に通じ、作中の民俗描写は中央アジアのテュルク系（トルコ系はその一部族）を連想させる。僕の頭のなかで、トルメキアの国王ヴ王がナウシカに語る「気に入ったぞ。お前は破壊と慈悲の混沌だ。ハハハ、もっと前に会いたかったぞ‼」（宮崎 1995:

212）の空想上の音声が駆けめぐる。「脳内多動」の強い傾向によって、僕の頭は古びたパソコンめいている。使用しなくても良い複数のソフトウェアが、同時に作動して、負荷を増やし、僕という個体の全体の動きが鈍くなってしまう。

少年のころ、僕が見る悪夢はジークムント・フロイト流の夢解釈を必要としそうなくらい奇抜なものが多かったが、青年期以降はわかりやすい悪夢が増えた。そのときは、大学院時代に味わった失望が夢になって出てきた。僕が二二歳前後のとき、ドイツ文学者の高田里恵子が『文学部をめぐる病い――教養主義・ナチス・旧制高校』という本を出した。僕はその本に胸を痛めた。東京大学のドイツ文学研究室出身者たちの醜態が克明に描出されていた。出身研究室の教授として招聘《しょうへい》されなかった顚末《てんまつ》を半狂乱で暴露し、告発した学者。戦時中はナチス・ドイツの御用文学を紹介することに汲々とし、戦後はその過去を「なかったこと」にして、平和主義的な作家の称揚に邁進した学者。これらの話は自分に無関係なものだと思いたかったのが、業界事情に精通していくうちに、京都大学のドイツ文学研究室出身者もそれほど変わらないということ、そしておそらくアカデミズムというものはどこでもこのような具合なのではないか、と気づいて打ちのめされた。

この思いはトラウマのようにして僕にのしかかり、それまで従事していたムージルに関する標準的なドイツ文学研究を続行する欲求を根絶するに至った。ほとんど完成していたムージルに関する博士論文をどうしても完成させられなくなったのだ。数年後、新しい研究テーマとして選んだのは、学者としてのグリム兄弟とその後継者たちの仕事だったが、それは自分が属するドイツ文学研究という学問分野の歴史を、批判的に考察する必要があると考えたからだった。日本ではあまり知られていないけれど、グリム兄弟とその一派は、ドイツ文学研究という分野を創設した人々でもある。その研究テーマをすぐに発見できず、僕は数年のあいだ、もがいた。その胸苦しさがサバサンドによる胸焼けと一緒になって、トルコの僕に悪夢を見せたのだと思う。

回復後、旧市街を中心としておもだった場所の観光に出向いた。トプカプ宮殿はスルタン（君主）の私室とハレム（後宮）が興味ぶかかった。秘密の場所をこっそり見学するワクワク感。スルタンアフメット・ジャーミィは円蓋のついた大聖堂を、細長いロケットのような塔たちが囲っている。ビザンティン建築の最高傑作と言われるアヤソフィアでは、天井近くの壁に黒地の円盤がいくつも掛かっていて、金の装飾文字でアッラー、ムハンマドとその一族、カリフたちの名前が記されているのが印象的だった。あのような文字を読めるようになったら人生がもっと楽しくなりそうだと思った。

ガラタ橋を渡って、新市街の坂道では、カラキョイ地区を北にずっと歩いていった。そうして中心部にあるタクスィム広場に辿りつく。歩き方が独特な僕は、その坂道を息切れしながら登っていった。歩きながら両足のくるぶしをしきりに回すから、ふだんは慣れていてそれほど困らないとはいえ、あの坂道には難儀して、普通に歩きたいという思いが頭をかすめた。

ギリシア神話のシーシュポスを思いだした。神々を欺いたために、巨大な岩を山頂まで転がしていく罰を受ける。山頂まであともう少しというところで、岩は山の裾まで転がり落ち、すべてが徒労となる。シーシュポスは初めからやりなおす。幸いにして僕は、時間はかかったものの、目的地のタクスィム広場まで問題なく辿りついた。この達成感によって、世界がキラキラして見えた。特に観光するものはない平凡な広場なのに、その情景をよく覚えている。トルコの人々が僕を歓迎しているように思えた。

タクスィム広場の近くには日本文化情報センターが立地していて、ここで日本関連の資料をたくさん集めた。僕にトルコ語の知識は乏しく、それらの資料を活用できないままになっているけれども、いつか利用するつもりでいる。日本に帰ってそれらの資料を整理していると、トルコ人の日本研究者と連携して研究するべきだろうという考えが湧いた。その計画は実行しないままになっているものの、得意なドイツ語を生かして、オーストリア人と連携して海外の日本研究の実態調査をするという現在の研究計画の着想につながった。

旧市街のグランドバザールでおみやげを集めたときも、興奮した。トルコの陶器を見たのが初めてで、後年の骨董趣味にも目覚めていなかったから、こんなにも僕の趣味に合う食器がこの世にあるのかと声がうわずった。あれもこれもと買っていき、荷物が増えるのに悩みつつ、珍しいものを手に入れたことの満足感がまさった。でも残念、日本に帰ってしばらくすると、僕が購入したもののほとんどは、国内のトルコ雑貨店で容易に購入できるものだったことに気がつく。トルコからのおみやげとしては「ベタ」なものだ。海外で見かける日本人好みの商品は、国内の業者がごっそり輸入している。国内で買うより安く買えることがあるにせよ、このグローバル社会の時代に、海外での買い物は、よほど風変わりなものを選ばないと、おもしろくならない。

僕はどこにいっても青い美しいものを探している。イスタンブールでは僕のその嗜好が存分に満たされた。ブルーモスクとも言われるスルタンアフメット・ジャーミィの内装。暗い内壁を光が淡い青色に照らし、上品な荘厳さが楽しめた。装飾タイル美術館の入り口。青と青緑とクリーム色が、とろけるような混じり合いを果たしていた。極めつけはリュステム・パシャ・ジャーミィの内装。清楚な水色がちかちかと明滅するようなデザインが施されている。僕はどこまでも陶酔した。イスタンブールとは青の饗宴なのだ。

自閉スペクトラム症があると、青にこだわる人が多い。青は一般的にも人気のある色だが、僕たちにはいっそう吸引力を高めるようだ。自閉スペクトラム症があると、自然界からの吸引力も強まりやすいけれど、それは空や海の色が青いからかもしれないし、あるいは空や海に強く惹かれがちだから、青が好きなのかもしれない。どちらが正しいかはわからない。僕は、この原稿も文字を青くして書いている。その青の色合いは、こだわりにこだわったものだ。イスタンブールは、僕のそのこだわりを充分に満足させる空間を多く提供してくれた。そしてどこまでもその無限の青に溺れた。いま思いだしても、記憶のなかに収まったイスタンブールの青に溺れそうになる。

イスタンブール滞在中、自分はアジアとヨーロッパの交差点にいるのだと感じつづけた結果、日本の詩人、石原吉郎の「位置」を読むたびにイスタンブールを思いだすようになった。その詩で歌われている「無防備の空」や「正午の弓となる位置」は、青い穹《きゆう》窿《りゆう》に恵まれたイスタンブールの記憶とオーヴァーラップしてくる。

しずかな肩には
声だけがならぶのでない
声よりも近く
敵がならぶのだ
勇敢な男たちが目指す位置は

その右でも　おそらく
そのひだりでもない
無防備の空がついに撓《たわ》み
正午の弓となる位置で
君は呼吸し
かつ挨拶せよ
君の位置からの　それが
最もすぐれた姿勢である

（石原 2005: 15-16）

石原のこの詩とイスタンブールにはなんの接点もない。それなのに、僕の自閉スペクトラム症の「こだわり」のなかで、両者は幸せに結婚している。

九　アフマドさん

カイロ

カイロでは、タラアト・ハルブ広場近くのホテルに泊まった。受付で「アッサラーム・アライクム」と話すと、髭がもじゃもじゃ生えまくった係員が、びっくりした顔で、〈Do you speak Arabic?〉と尋ねてきた。僕のアラビア語の知識はその挨拶くらいだったから、〈No.〉と答えると、「まぎらわしいこと、すんなよ」という眼つきで溜め息を吐かれた。「預けたい貴重品はありますか」と尋ねられたので、僕は自分が持っていた研究用の資料をどさっと取りだして、「貴重品だ」と説明し、渡そうとすると、「いや、そういうのは自分で管理してください」と預かりを拒否された。

もう少し基本的なアラビア語の表現を覚えたいと思っていたが、ダメだった。アラビア語はその後も何回か挑戦してみたが、続かない。アラビア語で読みたい文学作品はいくつかあるのだが、どうしようもない。せめて数字くらい読めるようになろうと思ったけれど、いまでもダメ。結局、僕は東アジアと西ヨーロッパの一部の言語を理解できるだけだ。アラビア語やヒンディー語など、まったく異質な言語を理解できる日本人に尊敬を覚える。

なぜ僕はアラビア語を学べなかったのか。それは僕がロシア語などさまざまな言語の勉強を途中でやめてしまったことと事情が共通する。僕は新しい外国語を自由に運用できるようになると、それによって自分の日本語を規制するようになる。英語やドイツ語やスペイン語で表現しづらい内容を、日本語で表現するのに苦痛を感じる。ロシア語をもっと勉強していたら、ロシア語の規範が僕の日本語を浸食してしまう。たとえばロシア語では、主語が男性でも女性でも中性でも、現在と未来の時制では語尾が共通しているのに、過去の時制では語尾が異なる。つまり過去の時制でのみ男言葉や女言葉がある。このような規範を、僕は自分が使う日本語でも採用してしまうかもしれない。

アラビア語を少し勉強しただけで、僕は戦慄した。アラビア語には母音が「ア」「イ」「ウ」の三種類しかないのだ。「エ」や「オ」がない。正確には二重母音などもあるのだが、いずれにしても日本語より母音の制約が大きい。人によっては、母音が豊富な（あるいは煩雑な）英語やフランス語に比べて、アラビア語は簡単だという印象を抱くかもしれない。だが僕がアラビア語を学べば、自分の使う日本語の母音にも厳格な規制を始める危険性がある。フランスの作家、ジョルジュ・ペレックの『煙滅』という小説を以下に引用してみるが、読者はどのように感じるだろうか。

アッパー・ボンはなかなか眠れなかった。電灯をつけると、アラームは真夜中だった。彼は深く嘆息すると、ベッドの上で枕へもたれて座った。本を取って、読んだものの、分からぬ単語が多く、大まかなプロットがつかめただけだった。／ボンは本をベッドの上へ放った。風呂場へ移って、顔や胸元を濡れた洗面タオルでぬぐった。／鼓動が高まってゆく。暑かったので小窓を開け、夜の様子をうかがった。穏やかな夜だ。場末の物音が登ってくる。すぐそばで鐘の音が二つ鳴った。葬葬のごとく重く、大鐘《おおがね》のごとく深く、早鐘《はやがね》のごとくよく抜ける音である。サン・マルタン運河の川面が哀れな音を立てた。貨物船が通ったのだ。／小窓の戸を這うものがあった。クモでもハエでもなく、紺の胸と黒の斑紋をもつカナブンが鉋屑《かんなくず》を運ぶところだった。捕まえて潰そうとするも、あとわずかのところで、跳ねあがって夜の空へと去った。（ペレック2010:17）

これを普通の文章のように感じたとすれば、それは著者のペレックと訳者の塩塚秀一郎がいかに優秀かを示している。ペレックのこの作品は長編小説なのに、フランス語でもっとも多く使用されるEの文字を一度も使用しなかった。これを受けて、訳者の塩塚は日本語の「い」段音、つまり「い」「き」「し」「ち」「に」「ひ」「み」「り」を一度も使わずに、三〇〇ページ以上の翻訳を作りだしたのだ。

アラビア語を本格的に学んだら、僕は自分の日常会話や原稿の執筆でこのようなことを始めかねない。いまでも生きづらく、書きづらいのに、ますますそうなる。たとえば日本語では「である」体と「だ」体が混じった文章が多い。僕はこれにいつも不満がある。なぜなら英語でもドイツ語でもスペイン語でも「である」と「だ」の使い分けのようなものは存在しないからだ。ヨーロッパ系の言語にそのような区別はない。だから僕は自分の日本語でも原則として「である」を撲滅した。僕が「である」を使うとき、僕は自分の世界観の崩壊に耐えながら、泣く泣く使用しているのだ。この「である」排除の規範を僕は本書を含めて、自分が書くすべての文書で踏襲している。そういうような規範を僕は自分の言語運用にこれ以上追加したくないのだ。僕はこれ以上、言語宇宙としての水のなかに解体されていきたくはない。

さて、僕はふだんツアー旅行を選択肢に入れない。集団で旅行をするのはとても苦手で、何がなんでも個人旅行だと思っている。現地の一日ツアーガイドなどもふだんは考慮の対象外なのだけれど、エジプトではそれを選んでしまった。アラビア語がわからないだけでなく、東アジアの国や欧米諸国なら、それなりに振る舞いの想像がつくところもあるけれど、エジプトは中東という未知の領域に位置する。トルコほど欧米化しているわけでもない。エジプトにはイギリスの保護国だった時代があるが、現在の公用語はアラビア語。英語は公用語ではなく、観光客を相手とするなりわいの人には通じやすいが、「英語ができればどこに行っても大丈夫」というわけではない。

僕が一日ガイドを頼むと、当日ホテルのまえにそのエジプト人、アフマドさんは車でやってきた。アフマドさんは流暢な日本語を話したが、あくまで仕事としてガイドをやっているだけだから、仕事に最低限必要な範囲を超えた日本語は理解できなかった。だから、こんなふうな会話になった。

「横道さん、まずはギザのピラミッドに行きます。良いですか」

「はい、お願いします」

「はっはっは、シートベルトなんか締めなくても良いですよ」

「そうなんですね」

「日本人は締める人が多いですね」

「安全第一の国民性です」

「わかりません」

「日本人は安心を大事にしています」

「ああ、わかります。ほかの国の人をガイドすると、みんなピラミッドの近くでラクダに乗りたがるね。でも日本人は、いいえ、私はやめておきますと言う」

「ははは、僕も遠慮します。運動音痴なんで」

「運動？　わかりません」

「僕はスポーツがヘタです」

「ああ、わかります」

小学生のころ毎週『世界ふしぎ発見！』を観て、「学研まんが　ひみつシリーズ」の『古代遺跡のひみつ』や、藤子・F・不二雄の『T・P《タイムパトロール》ぼん』を愛読していた僕にとって、カイロ郊外のギザにある三大ピラミッドは、世界でいちばん夢想の対象になった遺跡だ。青空の深い水底にたたずむクフ王、カフラー王、メンカウラー王のピラミッド群に、僕は限りない憧れを抱いた。

　実物は期待どおりに圧倒的だった。映像や写真から観光客がまばらな印象を受けていたものの、それはピラミッドが映えるように、そういう時刻を選んで撮影しているのだと知った。砂浜だけの海水浴場のような情景のなかを、人の群れがわらわらと揺らめいている。ここも「みんな水の中」だ。ほとんどの観光客が西洋系だったのは予想外で、まったくの異世界として楽しめる東アジアからの観光客が多いと思っていた。真夏のため日差しはきつかったが、湿度が低いから、意外なほど不快感は少ない。蒸した日本のほうが、よほどつらい。

　古代ギリシアでストラボンが記録したシンデレラ物語を思いだす。娼婦ロドピスが入浴中に、鷲が彼女のサンダルをさらって、エジプトの首都メンフィスまで運んでいく。

鷲が落としたそのサンダルを見た王《ファラオ》は、なんと美しいサンダルだろうかと心を打たれて、同じく美しいと予想された持ち主を探そうとする。見つかったロドピスをファラオは娶《めと》り、亡くなったあとは、彼女を偲んでピラミッドに葬った。そのピラミッドがギザの三番目に大きなピラミッド、メンカウラー王のピラミッドの正体だという伝説だ。この世界最古のシンデレラ物語で、ヒロインの相手は、彼女の外見あるいは内面、または振る舞いによってではなく、サンダルによって恋に落ちる。そう、昔話「シンデレラ」の本質とは靴フェチ物語なのだ。

それはさておき、三つのピラミッドに比べると、スフィンクスはずいぶん小さく見えた。もちろん、あくまで比較上の話で、幕末の遣欧使節団がスフィンクスと一緒に撮影した写真を見ると、ちいさなネズミたちにおおきなネコが襲いかかろうとしているかのようだ。ちょんまげ時代の日本人たちとエジプトの光景がミスマッチの印象で、愉快な一枚。

しばらくして「もう行きましょう」と言うと、アフマドさんが驚いた。

「もういいんですか」

「はい、堪能しました」

「ピラミッドに登らないですか」

「僕はすぐに転んで落ちると思います」

「わからない」

「僕はスポーツがヘタです」

「ああ、そうでしたね」

アフマドさんとの会話はもつれっぱなしだったのだが、僕はそこにユーモアを感じた。アフマドさんがどのくらい笑いの精神を擁していたのかはわからないが、異文化間コミュニケーションがユーモラスな姿で立ちあがってきていた。

「日本人が少ないのは意外でした。欧米系が多いですね」

「わからない」

「ヨーロッパの観光客が多いですね。日本人や中国人は少ない」

「ああ、ヨーロッパは近いですから。日本と中国は遠いです」

「なるほど、いちばん多いのは何人《なにじん》ですか」

「ロシア人です」

「へえ。そうなんですね」

「はい。私には奥さんが三人います」

「ふむふむ」

「イスラムでは四人まで結婚できます。四人目はロシア人がいいです」

「なるほど」

「ロシア人は美人だなあ」

アフマドさんはうっとりとした声を出して、陶酔を隠さなかった。ロシア美女に憧れるのは日本人もエジプト人も同じなんだな、と謎の感慨に耽った。

ところで、のちに知り合いのインドネシア人女性から聞いた話がある。イスラム教では四人まで妻帯が許されているとはいえ、それは本来は戦争未亡人の救済が目的で、あくまで善行が目的のはずだった。重婚しても充分に養っていける財産家だけが、そうしても良いという規範だったらしい。また、妻を平等に愛するべきという倫理がある。ところが現在ではたんに「女好き」だから複数の女を妻にしたいという人が多い。複数の女の「紐」になろうとして重婚する男もいる。イスラム化以前には、女が外で働いて男が家で寝転がっている、男は争いごとのときにだけ活躍する、というライオン社会のような文化があって、その名残だという。本来の文化とイスラム教がグロテスクに混じりあって、インドネシアで社会問題になっているというのだ。インドネシアに関する知識が足らず、この話がどこまで真実かわからないのだが、エジプトではどうなのだろうか。アフマドさんは充分に裕福なのだろうか。ロシア美女と無事に結婚できたとして、彼女以外の妻たちも平等に愛しているのだろうか。いまもそんなことを思案してしまう。

ピラミッドを見たあと、アフマドさんに市場に連れていかれ、案内された料理店で昼ごはんを食べた。米とマカロニが混じったトマト味のファストフード、コシャリ。ウサギのグリル料理、アルナブ・マシュウィー。グラスのなかにハーブが浮かんだ飲み水が印象的で、まるでカクテルのモヒートのようだった。水と植物の幸福な調和。

「すごい。おいしそう」

「だめです！」

「え」

「やめておいたほうがいいです。おなかを壊します」

「そうか。見た目はきれいだけど、そうですよね」

「私たちは慣れているから大丈夫です。でも日本人はおなかが弱いから」

「そうですね、弱いです」

水を飲みたいときは、ペットボトルに入った飲料水を買うべきだと言う。僕はコカ・コーラ ゼロを購入しようとしたものの、ペプシコーラしか売っていなかった。ドイツの一部の地域でマクドナルドよりもバーガーキングのほうが人気なのと似ているな、と思った。

アフマドさんとは食の禁忌に関する会話を交わさなかったが、彼らが飲める水を日本人の僕は飲めないという差異が、僕に自然と食生活の差異を連想させた。僕は豚肉を食べるけれど、彼らは食べてはならない。美味かどうか以前に、ありえないくらい不潔なものと感じるのだ。

後年、繁延《しげのぶ》あづさが『山と獣と肉と皮』で描く、猟師がイノシシを解体する作業の描写を読みながら、僕はアフマドさんのことを思いだした。

おじさんが猪の股にナイフを入れた。すると、皮膚の表面とはあきらかにちがう真っ白なものが見えてきた。スーッとナイフが通ったところから白い道が拓かれていくようだった。いきなり血が噴き出すものと思っていたので、その純白の中身に驚いた。そのうちに、白く見えているのは何層にもなった膜だとわかった。／背中は、たっぷりついた脂をなるべく削いでしまわないよう、皮ギリギリのところをナイフが進む。野菜の表皮を剝く作業とはちがい、一度も切り離すことなく皮全体をいっぺんに剝いでいく。まるで毛皮のコートを脱がしていくかのように。（繁延 2020: 19-20）

繁延は命が食物へと変貌していくさまをみずみずしい筆致で描いていて、僕はそこにものすごく清潔な何かが顕現しているのを感じる。他方、イノシシはブタの原種だから、イスラム教では豚と同様に禁忌の対象で、アフマドさんたちはもちろん食べられない。彼がイノシシの解体を見たら、やはりそれを汚らしいものとして受けとめると思う。このような落差に僕は、異文化というものが作りだす混迷の現前を見る。

そのあとアフマドさんは僕をさまざまなところに案内してくれたが、その狙いは彼と協力関係にある業者に利益を循環させるためだった。つまり僕に買い物をさせるためだ。残念ながら、僕は高価なものに興味が湧かない。資本主義に操られている気がして気持ち悪いのだ。嗜好が偏っているから、ファラオやピラミッドのフィギュア模型、土着の器や小箱、パピルスでできた栞《しおり》など、おもちゃや雑貨ばかり買った。

自分とコネがある仲間に利益を分けあたえられなくて、面目が潰されたのだろう。アフマドさんは次第に機嫌が悪くなってしまった。もとのホテルに送ってもらいながら、アフマドさんは僕にまた言った。

「日本人はたくさん買い物します。あなたはしなかった。なぜ？」

「僕は変人なんです。変わり者と言われています」

「わかりません」

「英語では〈geek〉とか〈eccentric〉と言われる人です」

「英語はわかりません」

「僕は低予算旅行が好きなんです。僕はバックパッカーです」

「……」

「普通の日本人でなくてごめんなさい」

「……」

アフマドさんは溜め息を吐《つ》かないように注意しているのではないかと想像した。ホテルでは受付で溜め息を吐かれたし、店の人々も僕の買い物を見て、よく溜め息を吐いていた。素朴な人々だと感じた。アフマドさんは経験上、溜め息を吐いても損するだけということをわきまえているのではないか、と推測をめぐらせた。

僕の旅行はつねに、研究の観点からやっている。なるべくお金は使わない。ブランド品に興味がない。人づきあいがヘタだから、おみやげをどっさり買うこともない。自分を楽しませるためのガラクタを少し入手できれば充分だ。エジプト旅行と僕の相性はあまり良くなかったのかもしれない。

翌日はひとりでエジプト考古学博物館に出向いた。人気が集中するツタンカーメンの黄金のマスクは、僕の心にも残った。はるか昔に『世界ふしぎ発見！』で見たとおりだ。とはいえ、エジプトの歴代王朝のさまざまな収蔵品は、僕にはもったいなかった。この方面の教養としては、僕は「古代エジプト」とまるめて理解できる程度の知識しか持ちあわせていないからだ。

親日家のエジプト人に会えるといいな、と思いながらタハリール広場の少し南にある日本文化センターに赴き、資料を調査した。特に誰とも会えなかった帰り道、中学生くらいの少年に遭遇した。彼は言った。

「こんにちは、ぼくのお父さんは大使館で働いているよ。日本人が大好きなんだ。ぼくの家においでよ。パーティーをしよう。カモーン！」

彼の「カモーン！」というその甲高い声が、いまでも脳裏にこびりついている。僕は平静さを装って歩いてゆき、方角が分かれるところで彼に「バイバイ」と告げた。彼は「どうして？　おいでよ」としつこくすがってきたが、僕はもちろん無視した。

あのまま彼の家に行っていたら、どうなったのだろうか。身ぐるみ剝がされて殺されたのだろうか。ありえたかもしれないそんな運命を、僕の変死体を、ときどき想像してみる。

一〇　星の王子さま　カサブランカ

カサブランカを訪れようと思ったのは、まずは名前に惹かれたからだった。スペイン語で「白い家」を意味するこの街が、どのくらい白いか見てみたかったのだ。モーリス・ユトリロが描く絵画のように美しい白があるのではないかと推測された。

実際、カサブランカの街は白い印象だった。ユトリロの白のように、あるいはカマンベールチーズのように白かった。だが白にもいろいろある。白に淡緑色が絡みあったハッサン二世モスクは、青カビが生えたブルーチーズの珍味を連想させた。子どもは嫌うかもしれないが、おとなにはおいしい味わいだ。

メディナ旧市街は赤みがかった白だった。カイロの市場でアラビア語に混乱したのと同じく、カサブランカではベルベル語に途方に暮れた。そして迷宮のような街並みが広がっていた。僕の周囲には白い混沌が渦巻いた。そうして僕は死んだ。死んで漂白され、砕けて中空に散らばっていった。いまもモロッコの砂塵となって僕は生きている。

ムハンマド五世広場では、水を売っている業者がいた。興味があったが、買い物をやりとげる勇気がなかったし、エジプトでの経験から、その水は日本人の僕には飲めないものかもしれないと考えたため、買わなかった。

そう、モロッコで僕は買い物らしい買い物をまったくしなかった。英語やフランス語でコミュニケーションを試みたが、通じなかった。そもそも僕は観光地とは言えない場所をあちこち行ったり来たりしていた。そうしてかつて僕だった砂塵はますます白くなった。

カサブランカを訪れるまえ、この街に対する僕のイメージは、マイケル・カーティス監督の映画『カサブランカ』だけだった。ハンフリー・ボガートとイングリッド・バーグマンが主演した恋愛映画の名作。第二次世界大戦中、フランス領モロッコのこの街で、かつて互いを熱愛した男女が、別れの時期を経て再会し、また恋心を燃えあがらせる。

僕はこのような種類の映画がたいていは苦手だ。まず自分自身が負ってきた恋愛経験の傷が疼《うず》きすぎて、不穏な気分になる。また「普通の人はこういう恋愛をしたり、こういう恋愛に憧れたりするんだな」と感じながら見るため、自分が疎外されているような気がしてしまう。自分が発達障害者だと知るまえから、いつもそのような感じ方をしてきた。

それなのに、『カサブランカ』は僕の心を打った。恋愛映画でいちばん好きな作品のひとつだ。なぜカルト映画を好む僕が、こういう標準的な映画を好むのだろうかと不思議だったのだけれど、イタリアの学者で作家のウンベルト・エーコが、講義録『小説の森散策』でこの映画はカルト映画として愛好されてきたと指摘しているのを読んで、すべてが腑に落ちるような気がした。

かつてわたしは、『カサブランカ』がカルトの対象となったのはなぜかを説明しようとして、カルトの条件のひとつは作品の「脈絡の無さ disjointedness」であるという仮説を提示しました。しかし「脈絡の無さ」という言葉には、「関節をはずす put out of joint」という状態になる可能性という意味もふくまれています。この概念は説明しておいたほうがよいでしょう。今日では、『カサブランカ』が、物語の結末をだれも知らないいまま、その日かぎり場あたり的に撮影されたのだということはよく知られています。映画のなかのイングリッド・バーグマンがあれほど神秘的な魅力を醸し出しているのは、演技をしている最中、彼女には自分がどちらの男を選ぶことになるか分からなかったものだから、ふたりのどちらにも同じように優しく謎めいた微笑みを投げかけていたからなのです。それからもうひとつ——脚本家が、筋《プロット》を少しでも先に進めようとして、映画や文学の物語に出てくるありとあらゆるクリシェをあの映画のなかに詰め込んだおかげで、あの映画が映画ファンのための一種の博物館と化してしまった、これもよく知られています。だからこそあの映画は、原型《アーキタイプ》の寄せ集めキ

ットとして利用することができるのです。（エーコ 2013: 237-238）

エーコらしい明晰な論述だ。映画『カサブランカ』は、王道的恋愛映画の古典という外見的な印象とは異なって、カルト映画だったのだ。場当たり的に撮影されたことによって、不穏な印象が生まれ、僕はその不安定さに共鳴していたのだ。そして、クリシェの宝庫という点に自分自身に感じてきた「B級感」を肯定されるような気がしていたのだ。この映画のことを思いだしながら、カサブランカをさまよっていた僕もまた、白い砂塵として風化していくカルトな存在だったと言うことができるだろう。

僕がアフリカで訪れたことがあるのはエジプトのカイロとその郊外のギザ、そしてモロッコのカサブランカだけだ。アフリカのもっと深いところに行ってみたいという思いはあるのだが、機会を得られずにいる。エチオピア、ケニア、コンゴ、カメルーン、南アフリカ。興味を引かれてやまない国はいくつもある。特にリビアに憧れがあった。なぜリビアかというと、フランスの作家で飛行機パイロットでもあったアントワーヌ・ド・サン＝テグジュペリが一九三五年、飛行機の事故でリビアの砂漠に不時着してしまい、そこから奇跡的に生還した体験を『星の王子さま』に仕立てたからだ。この作品を少年時代から愛読していた僕には、リビアの砂漠、つまりサハラ砂漠への淡い夢想があった。

モロッコでも、『星の王子さま』のことをよく思いだしていた。サハラ砂漠はいくつもの国をまたいで広がっていて、モロッコもその圏内だからだ。僕は試さなかったが、カサブランカからサハラ砂漠に向かうツアーも開催されている。

イスタンブールでもカイロでも砂漠が身近にある人々の世界を感じることができたが、カサブランカではいっそうそのようだった。鳥取砂丘はやはり砂漠ではなくて、まったく規模が違う砂丘なのだなと理解することができた。カサブランカの街全体がそのうち砂漠のなかへと解体されるのではないかという想像が止まらなかった。

僕の想像力は、僕の身体感覚に密接に関係している。「みんな水の中」と感じられる体験世界が周囲の環境と共鳴しあって、さまざまな夢想を立ちあげてくるからだ。砂漠を感じる街で、自分の体が白い砂塵となって消えてゆくと感じたのは、その「みんな水の中」の世界観の変奏と言える。

いつも、すべてが揺らめいていて、すべてが曖昧だと感じられてくる。カサブランカではムーミン谷シリーズのことも繰りかえし考えていた。このシリーズはフィンランドの芸術家トーベ・ヤンソンが作りだしたもので、原語はスウェーデン語だ。なぜ砂漠と隣りあった場所で北欧の物語のことを考えていたのか。

理由のひとつは、ムーミントロールたちが生きる冬の長い過酷な環境が、『星の王子さま』で描かれた砂漠の死の世界と重なるものとして感じられたからだ。サン＝テグジュペリもヤンソンも、一見すると子ども向けに見える、しかしほとんどの子どもには理解できなそうな哲学的な児童文学を書いた。僕は『星の王子さま』やムーミン谷シリーズを愛読しながら、長年そこに書かれた内容をほんとうには理解できなかったし、研究者になって再読してから、両者の高い文学性を正確に把握できるようになった。「みんな水の中」とは死の世界でもある。発達障害者として生きるということは、なかば死にながら生きているということだからだ。だからカサブランカで、僕とサン＝テグジュペリとヤンソンは、正三角形を結んでいた。

僕がカサブランカで予約したホテルは、街外れにあった。空港でタクシーの客引きが何人も迫ってきたが、僕はここでタクシーに乗ったら、どれだけ「ボラれる」かわからないと不安になった。しかしホテルの近くまで行くバスや電車は出ていなかった。僕はあらかじめ印刷してきた何枚もの地図を見ながら、ホテルに徒歩で向かうことにした。その道のりは、僕がかつて体験した徒歩の旅でもっとも不安なものだった。

僕は歩いた。砂漠が広がっていたわけではないけれど、僕は内観では砂漠を歩いていた。そしてその砂漠はムーミン谷の吹雪の世界でもあった。僕が日常的に生きる水中世界は、白い砂塵に分解され、白い砂塵は雪の結晶が舞う吹雪を生みだしていった。水と砂漠と吹雪が融合して、僕は月世界に踏みいった。月面を歩いているのはどのような気持ちなのか。このような重たい足取りではないはずだが、カサブランカと月の世界が接続していた。かつてウィーンが月の世界に接続されたのと同様だった。

イタリアの詩人ルドヴィーコ・アリオストの『狂えるオルランド』が頭に甦ってきた。月には、地上で失われたもののすべてが保存されているという。月面では、川も湖も野辺も平原も谷も山も、地球上のものとは異なっている。町や、城もあり、いずれも壮大だ。それらを眺めながら、聖騎士《パラディン》のアストルフォは進む。

これまで目にしたこともなく、／この先もおよそ目にすることはなかろうほどで、／また広く、静かな森では、／ニンフらが絶えず獣を追っていた。／公子はあたりを隈なく見回る暇はなかった、／そのために月へ昇って来たのではなかったゆえに。／聖なる使徒に導かれ、二つの山の／狭間の谷にと入って行くと、そこには／人の過ちのため、あるいは時や、運命の仕業のために／失われたるものがみなちゃんと見事にしまわれていた。／地上にて失われたるものはみな、／月の世界に集まっていたのであった。（アリオスト 2001: 221）

僕たちはほんとうの月面が、そのような魅惑的な場所ではないことをすでに知っている。月に行くことは難しく、訪れることができたとしても僕が失ったものが保存されているはずはない。

僕は水中と雪景色と月面風景をうつろいながらも、砂漠としてのカサブランカを歩いた。歩きながら、コカ・コーラ ゼロを飲みほしてしまった。周囲に自動販売機や売店はない。というか、見渡すかぎり、徒歩で移動している人間が僕以外にはいない。かろうじて歩道はあるが、誰もが車を使って移動する一帯だった。ホテルに歩いて向かおうとした僕は明らかに無茶をしていた。

僕は歩きつづけた。僕は道に迷う達人だが、道が限られているため、まちがった方向に進んでいる可能性は免れていた。地図を見ながら僕は歩いた。空港から二時間半ほどかかって、ようやくホテルに到着したのだが、半日くらい歩いたような錯覚を覚えた。ホテルはさながら砂漠のオアシスに思われた。ホテルの内装もまた白かったけれど、緑の椰子の木が生え、大きなプールが青く煌めいていた。そうして砂漠と雪景色と月面に分化していた僕の体験世界は、ふたたび水中世界へと統合されたのだった。

受付ではフランス語で話しかけられた。僕は英語で話そうとしたが、相手が理解してくれない。当時はまだ日常の最低限の会話をするにも不充分だったフランス語の語彙を駆使して、チェックインを果たした。僕がカサブランカで誰かとしゃべったのは、空港を除けばホテルの受付でのみだった。それでもホテルは快適だった。水着の準備をしていなかったからプールで泳ぐことはなかったが、泳いでいる別の客を見ているだけで、僕の心は潤いを取りもどしていった。

美しい青、まろやかな水色。僕の心はプールの水をたっぷりと吸った。

II

うねる想像力の彼方へ

一　閃光に導かれて

アテネ

学部生のころ、高田珠樹の『ハイデガー　存在の歴史』に、ハイデガーは心酔していたはずのギリシアになかなか行こうとしなかった、という説明を見つけて、そういうものなのだろうなと思った。僕もハイデガーほどではないけれど、ギリシアを憧れの国として見ていた。でもそれは「古代ギリシア」だ。現代のパッとしない（印象のある）ヨーロッパの小国ギリシアではない。僕もギリシアの現実に落胆したくなかった。

小学生のころ、車田正美のマンガ『聖闘士星矢《セイントセイヤ》』に夢中になった。ギリシア神話とそれにまつわる天球の星座をモティーフにしたキャラクター、聖衣《クロス》と呼ばれる装備品、舞台設定などが出てくるこの作品はすぐにアニメ化され、おもちゃがヒットして社会現象を起こしていた。過剰なほど美少年だらけのこの作品はいわゆる腐女子――当時この呼称はなかったが――にも熱狂を与え、僕自身にもその傾向が芽生えた。いわゆる「腐男子」だ。この作品内で氷漬けにされた登場人物、白鳥星座《キグナス》の氷河を、美少女にしか見えない少年、アンドロメダ星座の瞬《しゅん》が体を絡ませながら添い寝して温め、回復させるという場面があり、僕はこの場面をマンガで読んだ夜に初めて夢精を経験した。僕はギリシア神話や星座に関する本を図書館でつぎつぎに読み、大量の関連知識を脳の貯蔵庫に蓄えていった。

中学生のころ、武内直子原作のテレビアニメ『美少女戦士セーラームーン』に夢中になった。女子中学生たちの物語で、太陽系の天体とギリシア・ローマ神話をモティーフにしている。最初のアニメシリーズは僕が中学二年生のときに放映され、登場人物も同じ学年だったため親近感を抱いた。僕は関連グッズを集め、学校にまで持っていった。それが同学年の不良な男子学生に見つかり、しつこく苛められるようになった。この作品によって、僕は女子同士の同性愛表現を好む「百合男子」にもなった。僕はギリシア神話や星座に関する熱意を取りもどし、大量の本を図書館から借りて読み、夜な夜な自慰に耽った。

高校生になると、文学や芸術への関心が本格的に開花しはじめた。古代ギリシアの哲学者、プラトンの対話篇を読むようになり、本音による対話（ダイアローグ）とはなんと魅力的なものかと驚いた。建前を並べる日常的な会話（カンヴァセーション）とは本質的に異なっている。このような関心が僕の現在にまで持続し、自助グループでの対話を紹介した僕の第二の著書『唯が行く！』にまで流れこんだ。ただし、対話への興味が純粋に知的関心にもとづいたものだとは、いまでは思わない。というのも自閉スペクトラム症には、流動的で焦点が定まらない日常の雑談が苦手で、明確な目標をめざした討論がむしろ向いているという特性があるからだ。プラトン流の対話空間は僕のその特性を刺激したと言える。

大学生になると、近代ヨーロッパで書かれたプラトン風の対話篇を多く読むようになった。現在に至るまで僕の最大の愛読書のひとつになったのは、フランスの哲学者、ドゥニ・ディドロの『ダランベールの夢』。ドイツの批評家、ヨハン・ゴットフリート・ヘルダーの『神』や、ドイツの哲学者フリードリヒ・シェリングの『ブルーノ』は、『ダランベールの夢』のような傑作とは言えないものの、やはり夢中で読んだ。前者はヘルダーによるスピノザの汎神論受容を伝えるもの、後者は近代的な機械論的宇宙観を克服するための苦闘の記録だ。大学院生のころには、京都から大阪市郊外にある大阪大学まで出かけて、ドイツ語で『神』を読む読書会に参加していた。その読書会で得た知識を出発点として、ヘルダーに関する研究を進めた。

二〇〇〇年代には新刊だった『初期ギリシア自然哲学者断片集』を集め、古代ギリシアの最古の哲学の魅力に開眼した。その時代のギリシア哲学をハイデガーが重視していたと知ったことが、この哲学者のさまざまな著作を読みはじめるきっかけになった。特にハイデガーの「四方界」という謎めいた思想が印象に残った。最近、新訳で刊行された『技術とは何だろうか』所収の「建てること、住むこと、考えること」を読んで、学部生のころの自分を懐かしく思いだした。

> 根源的統一にもとづいて、大地と天空、神的な者たちと死すべき者たちの四者が、帰属して一つになるのです。／大地とは、仕えつつ担うもの、咲きつつ実るものであり、広がり渡って鉱石や水源の全体となり、立ち現われては植物や動物の全体となります。〔…〕／天空とは、弧を描く太陽の運行であり、満ち欠けする月の推移であり、瞬く星々の輝きであり、四季とその移り変わりであり、昼の陽光、あけぼのとたそがれであり、夜の闇と明るみであり、快晴と悪天候であり、雲の動きと深い青空です。〔…〕／神的な者たちとは、神聖な合図を送ってくる使者のことです。この者たちの聖なる主宰にもとづいて、神が現われて臨在するかと思えば、身を退けては隠れるのです。〔…〕／死すべき者たちとは、人間のことです。人間が死すべき者たちと呼ばれるのは、人間が死ぬことができるからです。死ぬとは、死を死として能《よ》くすることです。死ぬのは人間だけであり、しかも人間が、大地の上、天空の下、神的な者たちの見ているところに留まるかぎり、人間はたえず死につつあります。〔…〕／四者の織りなすこの単一性のことを、四方界と名づけましょう。（ハイデガー2019:70-71強調は省略）

何を言っているのか全然わからないと感じる読者は多いはずだが、大地、天空、神的な者たち、死すべき者たちの四者が、根源的統一に復帰するということを語っているから、分裂していると感じられた世界が高い次元で合一しているような瞬間があるということを述べたかったと僕は理解している。ハイデガーはそれを「四方界」という謎めいた名前で呼ぶ。四つのもので万物が構成されているという思想は、地水火風の四元論などが変奏されたと考えられる。僕は「ゾーン」を簡単に体験でき、その際には森羅万象、宇宙の全体がハーモニーを奏でながら僕に向かって収斂《しゅうれん》されてくるような感覚があるから、僕は「これがハイデガーのいう四方界だ」と感じている。

修士論文を書く際には、一九世紀末から二〇世紀初頭に科学史家エルンスト・マッハの思想がどのように受容されたかを調べた。『西洋の没落』で知られるオスヴァルト・シュペングラーは、古代ギリシアの哲学者ヘラクレイトスをテーマとして博士論文を書いたのだが、彼にとってヘラクレイトスの「万物は流転する」の思想がマッハの要素一元論と重ねあわされているのが、僕の知的好奇心を刺激した。一九世紀末のオーストリア思想と、古代ギリシアの結婚。マッハは、視点をかりそめに固定することで世界は静態的に見えているだけで、実際には世界はつねに流動し、不安定だと考えていた。ムージルはこの考え方に強烈な親近感を抱いていた。僕も同様だが、いま思えば、それは僕が「みんな水の中」の世界を生きているからだ。おそらくマッハもムージルも僕に近い体験世界を生きていたのではないかと想像をめぐらせている。

自閉スペクトラム症があると、そのこだわりの強さから固定観念に囚われやすい傾向がある。こだわりはもちろん誰にでもあるが――たとえばどのような顔立ちを性愛の対象として好むかに関して、多くの人はこだわりを持っているはずだ――自閉スペクトラム症者には、それが平均的なあり方よりも、多面的かつ強迫的に作用するのだ。僕はギリシア愛好について、考えこんでしまう。僕のこれは、どこまで自閉スペクトラム症に由来するものなのか。どこまで誰にでもある一般的な嗜好性なのか。その境目はけっして明示的なものではない。

アテネでは一九世紀の街並みを残したプラカ地区を練り歩いた。この地区に、ハドリアノスの図書館、古代アゴラ、アクロポリス遺跡、ゼウス神殿などの観光の要地がぎっしり詰まっている。大理石が風化した、残骸のような建築群。アクロポリス遺跡の中心、そしてアテネあるいは全ギリシアの象徴とも言えるパルテノン神殿は、そのころ改修中だった。それでも、工事用シートで全面的に見えないというわけではなかったから、見に行った甲斐があった。その工事中の印象から、アテネ市内が実際よりも侘しく感じられた。

アテネで空を見あげるたびに、僕はその青空を全身で受けとめながら、いま自分は「四方界」を体験していると考えた。大地と天空、神的な者たちと死すべき者たちが卓抜な連関を作りだしていて、自分もそのなかの構成要素なのだと感じていた。侘しいアテネと対照的に、空はどこまでも広く、青く、神話的だった。

率直に言えば「侘しい」とは誇張表現に属する。アテネの街は都市圏全体で、約三〇〇万人ほどの人口を抱えている。僕が住んでいる京都市は約一四〇万人だから、アテネのほうがかなり大きな街ということになる。侘しい印象は、経済規模や貧富の差が関係しているのかもしれない。プラカ地区の細かい道を探索していると、ひとりの若者が横からやってきて、声をかけてきた。

「ニーハーオウ」

「アイムソーリー、アイ・アム・ア・ジャパニーズ！」

「アー、コニチーワ」

「こんにちは」

「(以下、英語) どこに行きますか。私はトヨタで働いています」

「オーケー」

「大使館にも友達います」

「友達がたくさんいるのはすてきだ」

「私たちは日本が大好きです」

「ありがとう。それを聞いて僕はうれしいです」

「いまから私の友達の家に行きませんか」

「いいですね」

「やった！」

僕たちはしばらく道を歩いていたが、僕は自分が行きたいところにしか行かない。その若者は「どうして一緒に来てくれないんだ」と地団駄を踏みそうな勢いだったけれど、僕は無視して、スタスタと去った。エジプトでも同じようなことを体験したけれど、思うのは、世界のいろんな場所でトヨタや日本大使館の関係者を名乗る者が、日本人の観光客を罠にかけようとしているということだ。

ふと初めてベルリンに滞在してドイツ語の授業を受けていたころに、クラスメイトだったアテネ出身のイオエル（渾名《あだな》はイオ）と親しかったことを思いだした。彼は僕より少しだけ年下だったが、ドイツ語ができない僕に対して、兄のように振るまっていた。いろんな場所に一緒に出かけた。ギリシア人と日本人の組み合わせはしばしば人目を引き、不思議がられた。だが僕にも、イオがなぜ僕と親しくしようとするのか、不思議だった。僕が人から気に入られることは多くない。

別れる最後の夜に、バーでイオが話しかけてきた。彼は僕たちと交流していたスペイン出身のソニアについて語った。以下の会話はすべてドイツ語のものだ。

「マコト、おまえはソニアが好きか」

「ソニアは親日家で僕にも優しい。だから僕は彼女が好きだ」

「それはドゥー・マークスト・ソニア（ユー・ライク・ソニア）か、ドゥー・リープスト・ソニア（ユー・ラヴ・ソニア）か」

「僕はソニアが気に入っている。しかし愛じゃない。ソニアは僕には美しすぎる。そして彼女にはちゃんとオーストリア出身の彼氏がいる」

「外国語を一緒に勉強するとたくさんのカップルができる」

「うん。僕たちは新しいカップルをいくつも目撃した」

「オレはソニアが好きだから、おまえが邪魔だった。ソニアはいつもおまえの能力の高さに驚嘆していた」

「僕はドイツ語をうまく話せないし、うまく聴きとれない。でも、文学や芸術についてとても多くの知識を持っている。それを神秘的ですごいと感じる人はいる」

「……」

僕は、「きみが僕と親しくしてくれたのは、僕の保護者となって、ソニアから賞賛を勝ちとるためだったのか？」と尋ねたかったけれど、そのように表現できるだけのドイツ語力は当時の僕にはなかった。

「マコト、おまえは賢くも愚かにも見える。それがオレを苛立たせる」

「ごめんなさい」

「賢いのか愚かなのか、わからない」と僕はどれだけ言われてきただろうか。日本人だけでなく、やはり外国人にもそう見えるのだなと痛感した。もちろん、僕という人間が「賢いのか愚かなのか、わからない」と思わせるのは、僕の能力が激しく凸凹している発達障害者だからだ。

そんな会話をしたあとも、イオとはいわゆる「腐れ縁」で交流があった。Facebookでつながっていたが、どのように応答して良いのかわからない局面が増えて、僕はそのアカウントを使うのをやめた。自閉スペクトラム症者は、人間関係を途絶えさせるのに長けている。

その数年前、修士課程のときに知りあったギリシア人の大学院生は、どの地域の出身だったか忘れてしまったが、やはりアテネだった気がする。彼は、日本人と韓国人の関係が、トルコ人とギリシア人の関係にとても似ていると言っていた。国境を接していて、トルコのギリシアに対する植民地支配の過去があり、国民感情にさまざまなしこりがある。それはここ数百年の話だということを理解しつつも、僕は古代のトロイア戦争を歌ったホメーロスの『イーリアス』を思いだしていた。ペロポネソス半島のアカイア人が現在のトルコの沿岸にある都市イリオスに攻めこんで戦う。現在で言えばギリシア対トルコの戦争だ。そのころイリオスに住んでいたのは、ギリシア人だったのだが。

アテネのレストランでイオや日韓問題のことを考えながら、海鮮料理を食べた。メカジキ、ムール貝、ロブスターなど。赤ワインがおいしかった。僕は『初期ギリシア自然哲学者断片集』で、ケンソリヌスが伝えたアナクシマンドロスの思想を思いだした。

ミレトスのアナクシマンドロスは、温められた水と土から魚かあるいは魚に似た動物が発生し、その中で人間は形成され、その内に保持されて成年にいたるまで成長したと考えていた。そしてついにはそれが破れ落ちて、男と女(彼らはすでに自らを養うことができるようになっていた)が現われ出てきたのである。(日下部 2000:100-101)

人類の発生に関する謎めいた説明。魚から人間が生まれてくるとは、まるで近代的な生物発生論や進化論の知識が、古代から共有されていたかのようではないか。

一二　廃墟の文体

ローマ

ローマではトレヴィの泉やスペイン広場を観て、当然のようにして『ローマの休日』とオードリー・ヘプバーンを思いだした。ヘプバーンのグッズも売られていた。もっとも、ヘプバーンのグッズは世界中のあちこちの観光地で売られている。北海道でないのに、マリモのおみやげが売られているのを眼にすることがあるように。

ヴァティカン市国に入るために、行列に並んだ。ピオ・クレメンティーノ美術館でラオコーン像に眼を見張った。この像の迫力をめぐって、かつてさまざまな論争が展開され、哲学者のディドロは史上最高の彫刻と見なしていた。

サン・ピエトロ大聖堂は美しかった。踏みしだく大理石がやわらかく感じられるほどに優雅だった。子どものころの苛酷な宗教体験はたえず思いだされたが、美の力が超えた。システィーナ礼拝堂の壁面に描かれたミケランジェロ・ブオナローティの『最後の審判』と天井画。圧巻だった。サンタンジェロ城を観た。青空を背景とした、その美しい外観、まろやかな赤茶色が記憶に焼きついている。いつも僕の眼は美しい青を追い、心は青さのなかへと溶けてゆく。

コロッセオ、コンスタンティヌス帝の凱旋門、フォロ・ロマーノ、パンテオン、カラカラ浴場。廃墟だらけのローマ中心部を歩きながら、僕はドイツの哲学者ゲオルク・ジンメルが「廃墟」というエッセイで指摘したことに感銘を受けていた。ジンメルは書いている。

芸術作品の、消えてしまったりこぼたれたりした所に、他の、とはすなわち自然のエネルギーと形が後を追ってはびこり、かくして、廃墟のうちでまだ生きている芸術と、すでに生きている自然とから、新しい全体、独特な統一が生まれる、ということである。〔…〕ローマの廃墟が、ほかの点ではどれほど興味深いものであろうと、廃墟の独特な魅力を欠いているのは、このためである。とはつまり、人為的な破壊の跡が認められるということで、そのことは、廃墟を廃墟として意味あらしめている、人工と自然の営みとの対比という事態に矛盾するからである。(ジンメル 1999: 12-13)

ローマの廃墟群は僕には充分に魅力的だった。ジンメルも「ほかの点ではどれほど興味深いものであろうと」と留保している。でも、魅力があることはたしかだ。でも、廃墟が廃墟としての魅力を得るためには、自然による浸食が必要だと彼は主張するのだ。

廃墟は僕にとって本質的な意味を持っている。それは、僕は自分が書く文章を廃墟として構築しているからだ。この本もまた廃墟の集積体だ。

小学生の時点で、自分の書く文章が自分の読む本のようには巧みでないことが奇妙に感じられた。識字率が完璧に近い日本では、誰でも文章は書ける。僕にも書ける。しかし、文章が魅力的ではない。なぜだろうか。

あなたは当たり前のことと考えるだろうか。たとえばたくさん音楽を聴いても歌がヘタな人はいる。僕がそうだ。誰かとカラオケに行くのがイヤだ。まれにひとりで行くことがあるが、歌ってみると、やはりいわゆる音痴なので、虚しくなる。

とはいえ、僕は楽器が演奏できないから、歌がまずいのはなんとなく納得できた。音楽の才能に恵まれていないのだと思えた。楽器を練習しても楽しいと感じられなかった。そこには苦痛と不満だけがあった。

文章を書くことは、そうではなかった。書くとすぐさまのめりこみ、文章のうまい人がうまい文章を書いているような錯覚があった。それなのにできあがった文章はヘタだった。不思議！　僕は書字がぐちゃぐちゃなのだが、稚拙な印象は書き文字の問題だけではない。何かがおかしかった。

小学生のときは、絵日記を書くのが好きだった。僕は絵も拙劣だが、文章と同様に、イラストを描くのも好きだった。文章もイラストも「ヘタの横好き」というやつだ。ずっとひどい出来映えだから、文章を書くのもイラストを描くのも中学生のころには飽きてしまい、楽しくなくなった。

中学三年生のときに、国語の時間に「物語を書いてみよう」という課題が出された。僕は創作をしたことがなかったから、興奮した。すごい傑作を書いてやろうと思った。芥川賞を取れるようなやつだ。実際、力作になった。主人公がタイムトラベルを繰りかえす。僕は二月二六日生まれだから、最終目的地は一九三六年のクーデター未遂事件、二・二六事件の日にした。殺害された人物のひとり、海軍大将で内大臣の斎藤実《まこと》は名前の読みが僕と同じだから、僕はその人物と何らかの因縁があるかもしれないという内容にした。

いわゆる中二病だ。

中三だが、中二病全開だった。ものすごい分量を書いた。分量だけなら、僕がいちばんだったのではないか。

返却された原稿用紙を見ると、冒頭に赤いペンで「B」と書いてあった。その先生は、全学年中に「A」を取った人が何人かいて、ひとりだけ「S」を取った生徒がいると説明した。「S」を取ったのが誰か、その氏名も発表された。前年は同じクラスだった僕の親友のひとりだった。現在は医者として大阪で勤務していて、いまでも交流がある、

SNSでつながっている友だちだ。僕の原稿用紙の最後に、その先生は赤いペンで「意味がわかりませんでした。文章もよくわかりません」と書いていた。物語を作るための構想力も文才も僕には欠けているのだな、と知った。

以上が、僕が芥川賞作家になれなかった経緯だ。

僕の中二病は、いまでは思春期特有のものだったわけでなく、自閉スペクトラム症と注意欠如・多動症に由来していると知っている。発達障害があると、生涯かけて思考が幼くなりがちだ。よく言えばいつまでも若者めいている。だが肉体は老けていくから、「幼稚なおじさん」になっていく。僕は典型的にそうだ。

物語を作ることは諦めたが、さまざまなエッセイを読むうちに、そういうものなら書けそうな気がした。エッセイは完全な作り話でないところが良い。現実が僕を助けてくれる。絵も本格的にうまくなるのは無理でも、「ヘタなんだけど、独特の味がある」ものなら、めざせるかもしれないと思った。そこで高校でも大学でも、エッセイやヘタうまイラストを描くことにした。

高校時代の発表の場は、じつに私的なものだった。僕の文章をおもしろがってくれる親友のひとりに、毎週一回、自分のオタク的関心についてレポートを書いて渡したのだ。とても読み甲斐があると称賛を受けた。毎回、マンガやアニメのキャラクターの絵も添えていた。僕のひとりだけの読者のために、そうしていたのだ。大学に進学すると、文芸部で絵本のようなマンガのようなものを発表していた。一度だけ本気でエッセイ的な文章を書いたことがあって、それを読んで「ファンだ」と言ってくれたサークルの一歳年上の女性と恋人関係になった。そんな女神さまのような人が世の中に実在することに驚いた。

彼女のおかげで、自分が全面的に肯定されていると感じた。

僕は自分の文章に自信が湧いた。大学で学んでいた文学研究のレポート課題に、いつも力を入れた。あいかわらず力の入りすぎで意味不明になることが多く、評価されないことも珍しくなかったが、少しずつ実力がついていった。

卒業論文は絶賛された。ドイツ文学を担当していた三人の先生たちから、いままでに読んだなかで最高の卒業論文だと保証された。僕は有頂天になった。もっと文章を磨こうと思った。出身大学は冴えなくても、卒業後は日本でトップクラスの大学の大学院に進学して、そのあとはプロの文学研究者になるのだ、と夢見ながら卒論を書いていたのだが、それが事実として、空疎な妄想ではなくなりつつあった。

なのに、大学院生になったころから文章が腐っていった。鳥の羽を蠟で固め、翼を作って飛べるようになったギリシア神話のイーカロスのようだ。太陽に近づきすぎたために、蠟が溶けて翼がばらけ、墜落して死ぬ。美化しすぎだろうか。アルゼンチンの作家フリオ・コルタサルは『石蹴り遊び』で書いている。

散文は牛の腰肉のように腐ることもあり得る。私はもう何年来、私の書きものの中に腐敗の徴候を嗅ぎとってきた。私と同様、散文も散文の喉頭炎や黄疸や虫垂炎にかかっているが、散文のほうが私より先に最終的な分解への道を進んでいる。結局のところ、腐るということは化合物の不純さに結着をつけて化合物の権利を化学的に純粋なソジウム、マグネシウム、炭素へと返すことを意味している。私の散文は文章法的に腐っており——大いに苦労しながら——単純性へと進んでいる。（コルタサル 2016: 446-447）

コルタサルの小説の「私」は、歳をとって自分の文章が腐ってきたと感じたわけだが、僕の文章は、若くして腐りはじめていた。日常生活では人生最大の危機的状況が連続していた。何年も交際し、同棲して、結婚しようと言いあった恋人が精神病にかかり、彼女の年来の夢を諦めることになってしまった。

僕は自分の人生がなぜこんなにも呪われているのかと苦しんだ。その女性と交際しはじめたとき、僕の人生のもっとも不幸な時期はついに終わったのだと僕は感動した。僕たちは、人と人が、こんなにも気持ちを通じあわせることができるのかと驚きあった。僕まるで子どものころに夢中になったアニメ映画『機動戦士ガンダムⅢ めぐりあい宇宙《そら》編』のアムロ・レイとララァ・スンのようだった。宇宙空間はサイケデリックに変容し、ふたりの男女の心が共鳴しあう。

ララァ「人は変わってゆくわ。わたしたちと同じよ」
アムロ「そうだよ。ララァの言うとおりだ」
ララァ「アムロはほんとうに信じて？」
アムロ「信じるさ、きみともこうしてわかりあえたんだ。人はいつか時間さえ支配することができるさ」
ララァ「ああ、アムロ、刻《とき》が見える……」

このやりとりは、アムロが誤ってララァを殺してしまう瞬間に、時間が異様に延び広がって発生する。不幸の極《きわみ》のなかで心がもっとも通じあう。僕の人生の暗示のようだった。その恋人と別れることになった経緯は、二〇年ほどが経ったいまでも書く勇気がない。

村上春樹の『ノルウェイの森』では、三七歳の主人公が、二〇歳前後のことを回想する。彼は、精神病――古井由吉の「杳子」と同様、統合失調症を思わせる描写がなされている――を罹患し、自殺した同級生の女性について思いをめぐらせる。『ノルウェイの森』の主人公は、そのことを正確に振りかえるのに一八年を費やした。でも僕には一七年でも足りない。一生かかっても、足りないかもしれない。

彼女に送ったメールに返信が来なくなった。僕はメールを送りつづけた。数週間が過ぎて、新しい恋人ができたから、さようなら、という内容のメールが送られてきた。

自分の文章が誰からも評価されなくなったと感じた。僕の必死のメールが、彼女の心を充分に打たなかったからだ。誰からも評価されていないという感覚は事実に反していた。実際には、授業や勉強会の場、あるいはインターネット上の交流空間で、僕の文章を評価してくれる人は増えていた。だが、僕の文章は深刻に病んでいた。

僕の修士論文はひどいものだった。あれを書いていた暗黒の日々を、僕はどうやって生きのびたのだろうか。博士課程にあがると、精力的に学会発表に挑戦し、論文を投稿していった。投稿した論文はいずれも採用された。

それでも、僕の文章はますます腐った。そもそも僕には、注意欠如・多動症と発達性協調運動症の影響で、執筆には本質的な困難がある。キーボードをタイプミスする頻度が非常に高いのだ。打ち間違いをせずに一文をすらっと書けることは稀だ。若いころは独自の文体もできていなかったから、ひとつの文章を三度も四度も五度も六度も七度も八度も九度も書きなおしつづけた。誤字と脱字と衍字《えんじ》の嵐。僕の文章に苦言を呈する恩師や院生仲間もいた。「文章をなんとかしたほうが良いね」と言われた。

この時期は「キマイラ現象」にも苦しんだ。自閉スペクトラム症者は、他者から過剰に影響を受け、さまざまな人格を取りこんでしまうことがある。僕はギリシア神話に登場する複数の動物を合成した怪物の名前から、この心理現象をそのように呼んでいる。他者の語り口を自分の文章に自動的に反映してしまい、文体が支離滅裂になる。

何度も書きなおして論文を投稿するのに、初校でも再校でも念校でもほとんど全文に朱を入れた。印刷業者から「こんなひどい校正には対応できない」と言われたこともある。まるでプルーストやムージルの改稿作業のようだった。構想ノート、草稿、初稿、そこから決定稿までの際限のない改稿を通して、テクストの全体像がぐにゃぐにゃと変形しつづける。でも僕は作家ではなく研究者なのだから、そのような校正作業が許されるはずもない。

何人かの恩師から「研究者よりも作家になったほうが良いのでは」と言われたこともあった。自分が作家になるのを挫折した人たちで、褒め言葉として僕にそう言ってくれたようだが、僕には屈辱的だった。僕の夢は小さいころから作家ではなく研究者だったからだ。

僕の文章が、僕にとってようやく納得できるものになったのは三〇代なかばからだ。外国語の勉強に多くの時間を費やすようになり、それが僕の日本語を変えた。基本的な口頭コミュニケーションができるようになった英語、ドイツ語、スペイン語で、自分がうまく表現できないような内容は、ふだんの日本語でも表現しないという規範を自分に与えた。自閉スペクトラム症の「こだわり」だ。でも、そう決めると、日本語で「無理をする」ことがなくなった。結果、自分の文章が自分にとって気持ち悪いものでなくなった。ドイツの自然科学者、ゲオルク・クリストフ・リヒテンベルクは『雑記帳』で、母語のドイツ語の書き方を学ぶために、イギリスに行ったようなものだった、と書いていたと記憶するが、深い説得力を感じる意見だ。僕はさまざまな国に行き、多様な言語を学ぶことで、ようやく母語にあたる日本語の書き方を学ぶことができたと言える。

三〇代なかばになって、生まれて初めて日本語の書き方がわかりだした。

いま思うのは、僕の文章が腐っていたのは、「生き生きさせる」ために無理していたからだということだ。僕は実生活で、いつも「なぜ自分はみんなと違うのだろう。みんなのようにしなくては」とあがいていた。僕はいつもなかば死んでいると感じていた。「だから生き生きしなくてはならない」と焦った。

それはまちがった考え方だ。少なくとも僕の流儀ではないという意味で、まちがっていた。三〇代なかばになった僕は、自分が部分的にだが回復不可能に破壊され、部分的にでも死滅し、後戻りできないことを認めるようになった。発達障害の診断を受ける数年前のことだ。

僕はローマを歩いたときのことを思いだし、ジンメルが納得できるような廃墟を自分が体現すれば良いのだと考えた。ジンメルの言葉で言えば、「消えてしまったりこぼれたり」している、なかば死にながら生きているのが僕の生のありようだ。だから廃墟としての僕を、廃墟としての文章で表現するならば、それは妥当なものになるはずだ。

そのように心を定めて、僕は自分の文章を健康なものへと回復させた。それは病気を孕《はら》んだ健康、死を内包した生を体現する文章だ。うまい文章とは言えないかもしれない。それでも自分なりに、これは僕の声そのものだと納得できるようになった。そうして母語の日本語と出会いなおすことができた。

僕は、自分を浸食しているものを自分の文章に含めながら書かなければならないことを悟ったとも言える。自分を浸食しているもの。それが何か僕は長いあいだ言語化できなかった。自分の文章に納得できるようになっても、言語化できないまま、数年が過ぎた。

言語化できるようになったのは、四〇歳で発達障害の診断を受けてからだ。

「みんな水の中」

僕を浸食しているのは、みずからを包んでいる死の「水中世界」だった。そして、僕の発達障害の特性と周囲の環境が摩擦を起こすことで立ちあがるさまざまな障害だったのだ。

そのように思うにつれて、僕は自分が体験したさまざまな旅行について、向きあおうという思いが生《お》いたつのを感じた。凡庸な体験ばかり経ていたつもりだが、じつはやはり唯一無二だったはずだと考えを改めた。

そうして本書が生まれることになった。

あのすばらしいローマに、ジンメルが納得できなかった理由が、いまの僕には理解できるような気がする。浸食され、死と生が揺らぎあうことこそ、望ましい廃墟の本質だ。ジンメルには、カンボジアのアンコール遺跡やペルーのマチュ・ピチュ遺跡がふさわしい廃墟なのだろう。

のちにルクセンブルクを訪れたときに、その景観にとてつもなく魅了され、生きた街のなかに、僕は未来の廃墟化したルクセンブルクを幻視して満足した。

僕の廃墟の文体は、何を描いても遠い未来の滅亡した世界を内包し、その死の世界としての未来から過去としての現在を追憶している。

一三　脱男性化　フィレンツェ

二〇一〇年代に訪れたイタリアの街では良い体験が少なかった。ナポリに行ったときは、ホテルの裏がゴミ袋の山だった。暑い日に鼻を突く臭《にお》いがこもっていた。インターネットで調べて、この街はゴミ問題を抱えていたことを知った。

ミラノに行ったときは、偽造キャッシュカード被害にあった。ATMで出金した際、スキマーと呼ばれる読み取り機械が仕掛けられていたことに気づかなかった。カード情報が読みとられ、偽造カードが作られて、八万円ほど出金されてしまった。出金したらメール通知が届く設定にしていたから、すぐに被害に気がつき、現地の警察と日本の銀行に相談した。犯人は見つからなかったが、銀行が補償してくれて、出金額が戻ってきた。

ヴェネツィアに行ったときは、帰りの列車が来てくれなかった。ストライキが挙行され、街に閉じこめられてしまった。この街の本体は、ヴェネツィア湾の潟の上に浮かんでいる島だ。人はたくさんいたが、海上の孤島に放りだされた気分になった。

ヴェネツィアには運河が縦横に走り、「水の都」と言われているけれど、生活排水の多くがその運河に垂れ流されている。大きな施設では下水処理をしているらしいが、完璧ではないようだ。だからヴェネツィアは水の都ではあるが、やはり水の都と呼ばれることがある大阪みたいなものだ。すなわち汚水の都。

のちにスペイン語を習っていたとき、イタリアに憧れるグアテマラ人の初老の女教師カルラは、僕がイタリアについて話すたびに、「おねがいマコト、私の夢を壊さないで」と言って笑いころげていた。発達障害があると、歯に衣《きぬ》着せぬ語り口が多くなる。僕もそのひとり。自分の気持ちに対する正直さを優先する。せめてそれが他者を無用に傷つけることがないように、ユーモアをたっぷり混ぜる。発達障害を持ちながら生きる者のライフハックのひとつだ。自分の気持ちに正直でありつつ、相手を笑わせる快感も勝ちとれる。

僕がイタリアで礼賛するのはローマとフィレンツェ。ローマについては前項で書いたから、ここではフィレンツェについて書こう。

フィレンツェは『神曲』で知られるダンテ・アリギエーリの出身地だ。この街で少年だったダンテは、ベアトリーチェ・ポルティナーリという少女に恋をした。ひとりで勝手に燃えあがり、実際の関係としては何も発生しなかったのに、彼女は『神曲』でダンテを導く女神のように神格化された。成長したダンテは街の階級闘争に関与し、敗れた側の党の幹部だったために、フィレンツェを追放され、また仲間からも離反した。その顚末に関する恨みつらみも『神曲』で歌われている。

比較文学研究という学問分野に、ドイツの文献学者エルンスト・ローベルト・クルツィウスとエーリヒ・アウエルバッハが果たした貢献は大きかった。クルツィウスは『ヨーロッパ文学とラテン中世』で、ヨーロッパで発祥した近代文学が、古代ギリシア以来のさまざまな文学的遺産をラテン語が支配した中世が引きつぐことで、初めて生まれてきたものだと論じた。その際、中世と近代の橋渡しをした最大の詩人がダンテと位置づけられたのだった。アウエルバッハは『ミメーシス——ヨーロッパ文学における現実描写』で、ヨーロッパの古代から近代までのさまざまな文学作品の文体の発生と変遷を活写し、ダンテの文体をさまざまな様式が混淆した際立って豊かなものだと評価していた。

僕は学部時代、単位交換制度を利用して、自分が通っていた大学の近くにある別の大学の神学部まで、よく授業を受けに行き、キリスト教について勉強した。少年時代、キリスト教に由来するカルト宗教の教育を受けたため、自分が宿してしまったさまざまな価値観や知識を、いわば「正常化」しなければならないと考えていた。自分が所属していた学科では比較文学研究について何も教えられなかったものの、図書館から借りた本でクルツィウスやアウエルバッハに親しみ、キリスト教の知識が深まったこともあって、『神曲』を日本語で読んだ。のちにイタリア語を少し勉強した際に、原文でも一部を読んでみたが、初期近代のイタリアの方言で書かれているから、解説書をめくりながらでも難渋した。

フィレンツェには魅力的な美術館が点在している。それらが作品中で話題になるヘンリー・ジェイムズの『ある婦人の肖像』を思いだしながら歩いた。ウッフィツィ美術館でサンドロ・ボッティチェッリの『プリマヴェーラ』、ラファエロ・サンティ『ヒワの聖母』を、アカデミア美術館でミケランジェロの『ダヴィデ像』を見た。ダヴィデは古代イスラエルの王、つまりユダヤ人だから、民族的風習の割礼を受けていたはずだが、彫像では包茎だ。古代ギリシアの彫像の様式に影響を受けたからだと思うが、僕はこのような像を見るたびに自分の男根のことを思いだしてしまう。

先にも書いたとおり、学校ではイジメ、自宅ではカルト宗教の教えにもとづいた肉体的暴力に苦しんだ小学生時代が終わって、中学生になり、カルト宗教の集会に行かない選択が許されると、僕の悩みはもっぱら学校でのイジメと受験関連の問題になった。だが、その時期も終わって高校生になると、セックスについての関心が高まり、僕の悩みは肉体的な問題に移った。顔立ちに自信がなく、斜視で、肥満型の体型で、心ないクラスメイトから「おかまっぽい」と揶揄されていた。

僕は高校生のときから積極的にヒゲを伸ばして、「男らしく」見えるように工夫した。そんな時期の、僕のいちばんの悩みは自分の男根が真性包茎だということにあった。自閉スペクトラム症者の割合は全人口の一％くらいと言われている。真性包茎の割合も一％くらいという記事を読んだことがある。そうすると僕は1/100×1/100で、「一万人に一人の男」ということになる。だからどうした、と言われそうだけれど、いずれにせよ僕は、古代ギリシアの彫像、あるいはそれを参考にしたルネサンス期の彫像を図書館の本で見ながら、男性像の男根をじっと眼にした。多くの場合は包茎だが、「彼らのこの部分の構造はどうなっているのだろうか」と僕はウィリアム・シェイクスピアが執筆した悲劇の主人公さながら苦悩した。「剝けるべきか、剝けないべきか、それが問題だ」。

初めての恋人と性交するために、二〇歳のときに割礼、つまり包茎手術を受けた。よく仮性包茎の人が「自分も包茎だ」と言うのだが、仮性包茎は本来の包茎ではないし、むしろ仮性包茎は多数派に属する。真性包茎は外科手術を経なければ性交できないけれども、仮性包茎は問題なく性交できる。麻酔があまり効かなかったのに、「酒飲みなんだね。ときどきそういう人がいるよ」と言われながら、手術は進められた。僕はなぶり殺しにあったグリーンイグアナのように、痛みを訴え、呻《うめ》いた。

手術後も悲惨だった。手術した痕《あと》から何度も出血したが、何よりも皮を剝ぎとられた亀頭の部分が下着にこすれるたびに、激痛が走る。何ヶ月もそうだった。周囲には腎臓の手術をしたので痛む、と言って誤魔化していた。でも手術をするまで、自分のこの局所的欠陥は大きな悩みの種だったから——自分が発達障害者だという事実は長いあいだ知らなかったため、実体的な悩みとしては隠されたままだった――、手術後は解放された気分になった。二〇年が経っても、手術の痕がなまなましく残っていることもあって、僕はたぶんほかの人よりも二〇歳のころを思いだす頻度が高いと思う。

　手術と前後して、僕の心のなかで、とある性的関心と文学的テーマが癒着した。大江健三郎の初期作品で、なぜか頻繁に肛門性交がモティーフになる。たとえば『個人的な体験』では、生まれてきた長男が障害児だったことで、勃起不全になった主人公は、浮気相手の女性に肛門性交を許してもらうことで回復していく。謎めいた話だなあ、と僕は思っていた。性器結合を重視しない性愛を探求する松浦理英子は、連作小説『ナチュラル・ウーマン』で、レズビアンたちが陰核や膣ではなく、肛門を愛撫することによって、理想的な性愛を発見していく姿を描いた。謎めいた話だなあ、とそのときも思った。そこで青年時代の僕もこの問題の探究者として覚醒した。しかし糞尿趣味《スカトロジー》は苦手だったから、探究には悩ましいものがあった。

　博士課程のころ、当時流行していたＳＮＳ「ｍｉｘｉ」でＭｔＦのトランスジェンダーの女性と知り合いになった。ＭｔＦとは、心は女性なのに、男性の体を持って生まれてきてしまった人のことだ。僕もジェンダーやセクシュアリティが揺らいでいて、自分がはっきり「男性」だとは感じにくいこと、そして相手も似たような学歴で話が合うことが多かったから、会おうということになり、彼女はとある街から京都にやってきた。

彼女は顔を整形していて、女性ホルモンを投与し、ワンピースを着てカーディガンを羽織り、身長も一六五センチメートル前後だったから、二〇代前半の清楚な女性にしか見えなかった。話すとハスキーヴォイスで中性的に聞こえる。「声を変えるのがいちばん苦労した」と語る。僕は思わず彼女の喉仏を見つめた。

アメリカの哲学者ジュディス・バトラーは、社会的な性役割だけではなく「性的器官」も文化的社会的に構築されたものだと論じたが、彼女はそのことにトランスジェンダーとして興味があると言った。社会構築主義としての生殖器ということが、僕にはあまりわからなかったが、松浦理英子の発想と似ているのかもしれないと理解することにした。フランスの哲学者ジル・ドゥルーズとフランスの精神科医フェリックス・ガタリが『アンチ・オイディプス』で、男性の身体にも女性的な身体や動物的な身体が潜んでいると書いていて、その考え方に共鳴するとも彼女は言った。僕はさらにつきつめて、動物としての身体にも植物としての身体が潜んでいると書いてくれたならば、ドゥルーズとガタリの見解は、僕が言語化したかったことそのものだと思いつつ、驚いた。

興味本位で――いま考えると失礼な発言だったと思う――彼女の「男性だった時代」の写真を見せてもらった。まだスマートフォンが普及していなかった時代だから、携帯電話を操作して、写真を見せてくれた。美青年というよりもクセのない顔つきの普通の青年だった。彼女とホテルに行って性交することになったけれど、彼女は豊胸手術をしていて、シリコンの詰まった垂れない乳房が記憶に残っている。僕は元真性包茎者でもあり、短小陰茎者でもあるから、彼女の僕より立派な男根に申し訳なさを感じた。僕が恐る恐る作業に従事しているのを見た彼女は「ゼリーを塗ったから痛くない」と言って僕を励ました。純粋な気遣いでそう言ったのか、こういう「アヴァンチュール」に慣れていたからなのかは、わからない。

僕は性交しながら、じつは自分が彼女の側になりたいのではないかと思索した。彼女とこんなことをしているが、彼女が羨ましいような思いに揺さぶられた。そのころの僕は性の探究者ではあったが、ふだんから体の操作が難しいので、性交渉でも技術はもちろんはかばかしいものではない。僕は「魅力のない男と思われているのだろうな」と想像しつつ、大江や松浦が提示した謎はあくまで深遠なものだと感じていた。

フィレンツェが女性的な印象の街だからか、僕は観光中にそのようなことを回想してしまった。『神曲』のベアトリーチェのイメージ、美術館に散らばったさまざまな美術品、そして何よりランドマークと言える花の聖母教会。フィレンツェの中心に聳《そび》えるこの艶やかな花弁を思わせる教会を見る僕は、この街ができる上で歴史に名を残したのは、男たちが圧倒的に多いはずだけれども、しかし出来上がった街は女性的なのだと強く印象づけられた。僕はこれを男性の女性化のように感じた。フィレンツェほど女性的な印象の街を見たことはほとんどなかったからだ。

僕は、自分の体と心が「脱男性化」（つまり女性化）していくかのようだという想念にさらわれた。僕はドイツの裁判官ダニエル・パウル・シュレーバーの回想録に思いを馳せた。彼は法曹としての経歴を堅実に積みあげたのちに、狂気にまみれた妄想に襲われるようになり、つぎのように書いた。

私の身体に女性化の徴候が非常にはっきりと現れたのである。〔…〕／この時期の直前の幾夜かには、私が男性としての名誉心の命ずるままに、断固とした意志をもって対抗しなければならないと思っていなかったならば、ひょっとすると実際男根が体内に引き入れられてしまっていたかもしれない。〔…〕／ともかく魂の官能的愉悦は非常に強烈なものとなっていたので、私自身まず腕や両手に、後には、両足、胸、尻、さらには身体の他のあらゆる部分に、女体としての印象を感受したのだ。〔…〕／脱男性化の結果、そこから生じることとして考えうるのは、もちろん、新しい人間の創造を目的とする、神の光線による受胎のみであった。私は、当時はまだ、自分のほかにほんとうの人類が存在しているとは信じておらず、私の目にする人間の姿をした者たちは、すべて「仮そめに急ごしらえされた」ものとしか思っていなかった。（シュレーバー 2002: 236-237）

僕の若いころの性愛事情は、いまから思いかえせば地獄か煉獄《れんごく》のように感じられてくる。煉獄とは、地獄に堕ちなかった死者が天国に入るまえに通過する浄化の場所だ。だから僕の脳裏で、かつての記憶は地獄と煉獄の描写が印象的な『神曲』と結びあい、フィレンツェでのさまざまな回想を呼んだのかもしれない。もっとも、性愛とはすべて地獄的、あるいは煉獄的なのかもしれないのだが。

フィレンツェを探索しているうちに、雨がパラパラと降ってきたことを覚えている。強い雨になったが、僕は傘を携帯していなかったので、ずぶ濡れになって歩いた。レタス、チーズ、ハム、トマトが挟まった、緑白赤というイタリアの国旗のような印象のパニーノを食べながら、濡れて歩いた。暖かい季節だから、風邪を引く不安はなかった。

僕は雨をこよなく愛する。自閉スペクトラム症があると感覚が過敏になりやすいため、気圧の影響を受けやすい人が多く、雨の日は定型発達者よりも心理的負担を感じることが多いようだが、僕の場合は事情が異なる。少ない雨ならむしろ濡れて歩きまわりたい。

そうしながら、僕は自分が植物になると感じる。脱人間化して植物化する。光合成をして、ほかの生物にとって有用な酸素を排出する。やってきた草食動物にむさぼられ、肉食動物に踏みしだかれる受動的な生涯を終える。

僕はそんな植物になるのだと思いながら歩いた。シュレーバーの体験した女性化を思いながら、僕は植物になり、透明になっていった。

一四　ソニアとその騎士

マドリッド

マドリッドを訪れたとき、ナポレオン・ボナパルトの「アフリカはピレネー山脈に始まる」という言葉を思いだした。ピレネー山脈によって、フランスとスペインは隔てられている。ピレネー山脈を越えてスペインに行けば、そこにはもっと南にあるはずのアフリカがすでに広がっている感じがする、というわけだ。ナポレオンのこの言葉の真意はわからないけれど、スペインとポルトガルをアフリカ扱いして貶めたかった、ということだろうか。

自閉スペクトラム症があると、特定の記憶などが強く残りやすいと思う。僕はナポレオンのこの言葉を南ヨーロッパのいろんな場所で思いだした。ギリシアでは「ここもちょっとアフリカだな」と感じた。イタリアでは「北部の街はヨーロッパだけど南部の街はアフリカだな」と考えた。もちろん、いずれも主観的な話だ。ポルトガルのリスボンに行ったときは、アフリカっぽい印象はまったく感じずに「純ヨーロッパだな」と思った。僕の勝手な主観的な感想。

マドリッドは、日本では「マドリード」と表記されることも多いが、スペイン語が得意な僕は、原音に近い「マドリッド」をどうしても選んでしまうし、できれば「ド」を小文字で表記したいと思ってしまう。小文字の「ワ」はパソコンやスマートフォンで表記できるのに（「ヮ」）、「ド」の小文字は表記できない。理不尽に感じる。「マドリッド」よりは「マドリッ」のほうが原音に近いと思うけれど、この珍奇な表記を選ぶ勇気はない。

日本ではスペインの街といえばバルセロナの存在感がマドリッドを凌いでいると思う。これは前に書いたバイエルンの問題に似ているかもしれない。バルセロナを含むカタルーニャ州は、独自の文化的帰属意識を持ち、個性が強烈なのだ。言語も標準的なスペイン語（カスティーリャ語）とは異なるカタルーニャ語が使われている。もっとも、両者の差異は、僕には関東弁と関西弁の違い程度に感じられる。いずれにせよ、バルセロナ周辺のほうが〝コテコテ〟の文化で、日本でいえば大阪っぽく、薄味のマドリッドは東京のように、外国人に対するインパクトに関して「薄味」に感じられてしまうのだ。

だが、僕はマドリッドが好きだ。マドリッドのその薄味な感じは、小ざっぱりと洗練された華奢《きゃしゃ》な美しさだ。闘牛の文化があるが、僕の勝手な判断では、闘牛はむしろバルセロナに似合っていると思う。サグラダ・ファミリアに象徴される、ドデーンとした野性的な文化。でも、実際にはカタルーニャでは闘牛は禁止になってしまった。僕は一度だけマドリッドのラス・ベンタス闘牛場に行ったことがあるが、人と牛の決死の戦いに、ピカソが闘牛を愛したことを思いだした。牛をモティーフにした彼のさまざまな絵画や陶器が、走馬灯のように頭のなかを駆けめぐった。

　僕にとって、ペドロ・アルモドバルは最愛の映画監督のひとり。彼の『トーク・トゥー・ハー』も脳裡をよぎった。それは女性の闘牛士が出てくる映画だ。アルモドバルの映画はキッチュなのに洗練されていて、それがたまらない。極上のカルト映画ということだ。僕のような発達障害者にとって、それはひとつの「正解」に思える。B級なものが、B級としての十全な自己実現によって、平均的なA級を上回る達成を得られるという「正解」。二流の人間が「超二流」になることによって、「普通の一流」よりもよほど魅力的になるという「正解」だ。珍妙な考え方だろうか？

　そのようなわけで、僕はカルト映画に夢中になってきた。デイヴィッド・リンチの『マルホランド・ドライブ』や『ブルーベルベット』や『インランド・エンパイア』、ブライアン・デ・パルマの『ファントム・オブ・パラダイス』、レイ・ハリーハウゼンが特殊効果を担当した『シンドバッド 7回目の航海』や『アルゴ探検隊の大冒険』、スタンリー・キューブリックの『2001年宇宙の旅』、ジャン＝リュック・ゴダールの『気《き》狂《ちが》いピエロ』、マーティン・スコセッシの『タクシードライバー』などが、僕にとっての極上のカルト映画、少なくともカルト映画の魂を抱えこんだ映画だ。なかには、

「カルト映画じゃない」と反論を受けそうな作品もあるけれど。本多猪四郎《いしろう》監督の『マタンゴ』なんかはどこまでも珍妙で美しい。映画の視覚要素も素晴らしいが、福島正実の小説版もすばらしかった（『マタンゴ』、東雅夫編『怪獣文学大全』所収）。

暁子はふっと目をあけた。そして村井をみとめると、あたりのキノコをてのひらいっぱいにしゃくって、村井の目の前につきだした。／「おいしいよ」／暁子の顔はキノコの群生におおわれかけて異形のものに変形しつつあった。／村井は夢中ではねのけた。／ふいに、背後のキノコの塊が、ぐらりとゆれて、人間の手に似た触手をのばしてよこした。／村井は恐怖のさけびをあげた。／触手につづいた灰色のボールが人間の頭そっくりだったからだ。／いや、人間なのだ。人間のなれの果てなのだ。キノコを喰い、キノコそのものに変身してしまったキノコ人間なのだ！〔…〕／ばしっと、何かが、顔にあたって、くだけた。／キノコ人間が、キノコの塊をぶつけたのだ。散ったキノコのしぶきが、口へ入った。しぶきは甘く、芳香をはなった。／村井は、一瞬、その場にしゃがみこんでキノコをむさぼり喰いたい強烈な衝動にかられた。うまい、うまい、うまいキノコを……。（東 1998: 171-172）

僕もうまい、うまい、うまいキノコを食べたくなる。

マドリッドにはプラド美術館がある。ヒエロニムス・ボスの『快楽の園』を観た。ルネ・ラルーのアニメーションや諸星大二郎のマンガの源流だ。フランシスコ・デ・ゴヤの『着衣のマハ』と『裸のマハ』を観た。「マハ」が人名ではなく、「いかした女」くらいの意味だということを知った。ディエゴ・ベラスケスの『ラス・メニーナス』を観た。フランスの哲学者、ミシェル・フーコーが『言葉と物』でこの絵に関してやっていた議論を思いだした。フラ・アンジェリコの『受胎告知』を観た。あの簡素な美しさ。ピーテル・パウル・ルーベンスの『三美神』は、有名だけど、あまり僕の趣味ではなかった。プラド美術館はミュージアムショップも僕の趣味にぴったりで多くの商品を買いあさった。

そしてマドリッドにはピカソの『ゲルニカ』がある。人類が生みだしたあらゆる美術作品のうちで、もっとも素晴らしいものをあえて決めるならば、僕はこの作品に票を投じる。とはいえ、この問題に関しては僕と同意見の人はとても多いだろうから、そんなに気張って豪語するようなことではないかも。『ゲルニカ』はソフィア王妃芸術センターに飾られていた。あれを実際に見ることができただけでも、この世に生まれた甲斐がある。

観光の起点になる広場プエルタ・デル・ソル（「太陽の門」というカッコいい名前！）

から、夕食を食べに行く。海鮮素材がたっぷり入ったパエリアや、雑炊のアロス・アル・オルノを食べる。ビールをたくさん飲む。それからバル（バーを意味するスペイン語）を梯子《はしご》する。トルティーヤ、アヒージョなどのつまみを食べながら、もっとビールを飲む。僕の味覚が正しければ、スペイン料理は世界でもっともおいしい料理だ。魚介類と米を楽しめて、かつ日本料理ほどにめそめそしていない。カラッとした爽やかさがある。そして、スペイン料理にはビールが似合う。飽きてきたら、少しの赤ワインや白ワインを飲むのが良い。それ以外の酒は必要ない。

ベルリンで知りあったソニアは、父がスペイン人、母がイギリス人で、マドリッドで一五歳まで暮らし、それからロンドンで大学教育を受け、大学院生としてベルリンに留学していた。彼女はイギリスの料理がまずいと言っていて、僕は「だよね！」と喜んで同意した。イギリスの料理がまずいというのは固定観念で実態を言いあてていないという意見もあるが、スペイン料理と比べたらイギリス料理がまずいことは論じる必要もない真理だ。イギリスはパブの文化がすばらしいのだという意見があり、僕もそれには同意するけれど、しかしスペインのバルのほうがなおさらすばらしいと思ってしまう。

ソニアは西洋絵画に描かれた美貌の女王のように華やかだった。そのような人たちと僕は基本的になんの人間関係も築けず、トーマス・マンの『トニオ・クレーガー』の主人公のように住んでいる世界の断絶を感じ、孤独を深めてしまうばかりだけれど、彼女には文化に対する広い理解があって、日本人あるいは日系の作家では村上春樹とカズオ・イシグロが好きだと言った。そこで、僕は当時はこのふたりの作家に懐疑的だったとはいえ、熱烈に語りたい意欲が湧き、彼女とは話の種がつきなかった。二〇〇〇年代、イシグロはまだノーベル文学賞を受賞していなくて、村上は急速に世界的な人気作家へとのしあがっていった時期のこと。ヨーロッパにいると日本の存在感の低さを感じることが多いため、彼女と交流することは僕には大きな喜びだった。

ソニアにはオーストリア人の恋人がいた。スラリとした長身で、顔立ちは特別な美男子ではなかったものの、その優雅な振る舞いはヨーロッパ史上最大の名門、かつてのオーストリア帝国を支配したハプスブルク家の皇太子のような印象があった。彼はドイツ文学を専攻していたから、それは日本で言えば国文学を専攻しているのに近い。ソニアが彼と幸せそうに笑っている様子は、僕に強烈な憧憬を感じさせてやまなかった。僕はのちにスペイン人の女性と短いあいだ恋人関係になったことがあるが、彼女はドイツの中世文学を専攻していて、日本のマンガやアニメの愛好家だった。僕は無意識に彼女をソニアの代用物として愛していたように思う。僕にとって、その恋愛は、最終的に自分自身に対する軽蔑を促進させる結果しかもたらさなかった。

発達障害があると、白昼夢に耽ることが多くなる。自閉スペクトラム症の非現実感覚や注意欠如・多動症のマインドワンダリング（心の遊動）が作用しているのだと思う。

僕はよくソニアとの会話を思いだし、白昼夢のなかで、さまざまな詩について語りあった。僕が書きとめたものを、彼女が歌うようにして読む。彼女は日本語を読めないが、これは僕の空想だから問題ない。

第一にイタリアの詩人ペトラルカが歌った、恋愛への怖れに関する詩「マドリガーレ」。その詩にあわせて僕のどこに向かうこともない恋愛感情が震える。

妙なる天女が　翼を巧みに操って／大空から舞い降りた　若草の岸辺、／運命が糸引くまま　独り踏み分けたわたし。／友もなければ　道案内もないわたしに／小さな天使が　絹糸で綯《な》った罠を／そっと仕掛けた　緑なす行く手の路。／こうしてわたしは捕まって、それからは／無性に好きになったかのひとの　優しい目の耀《かがや》き。（ペトラルカ 1992: 181）

第二に、ロシアの詩人プーシキンが歌った、高まる恋心についての詩「美女」。彼は恋人を「祭壇」として崇拝するのだけど、僕にはそのロマン主義的情熱がよくわかる気がした。

きみがどこかへ急いでいるときでも／それが逢いびきのためであろうとも／心の中に

きみがどんな秘めた願望を／抱いていようとも――／彼女と出あえば狼狽し　きみは／突然自由を奪われて立ちどまるに違いない／敬虔の念を抱きつつ／美の祭壇を前にして。（プーシキン 1990: 196）

第三に、フランスの詩人ジェラール・ド・ネルヴァルが歌った、失恋に関する詩「リュクサンブールの小径」。僕のソニアに対する失恋未満の体験が反芻される。

おそらくこの世でただひとり／私のこころと通いあう、／私の深い夜のなかに入り来て／ただ一目で闇を照らしてくれるひと！…／いや、ちがう――わが青春は終わった…／さようなら、私に輝いたやさしい光よ――／香りよ、少女よ、ハーモニーよ…／幸せは通り過ぎた――逃げ去った！（ネルヴァル 2001: 539-540）

ソニアは、村上春樹の作品では『ノルウェイの森』がいちばん好きで、『東京ブルース』として訳されたスペイン語版も『直子の微笑み』として訳されたドイツ語版も読んだことがあると言っていた。僕は『ノルウェイの森』も含めて、外国語で読むことによって村上春樹の魅力を初めて理解できるようになってきた、と応じた。日本につきまとう村上文体の独特の臭みが、英語やドイツ語では感じられなくなるからだ。僕には、外国語訳の村上作品にこそ、より純度の高い言語空間が出現しているように感じられた。その言語空間では、村上が紡ぐ、しょっちゅう似かよってはいても、それだけに不思議な安心感を与える物語に深く没入することができた。

マドリッドにいると、どうしてもソニアのことを思いだした。さまざまなゴタゴタがあって、僕と彼女の交流は途絶えていた。ソニアは絵画のなかから出てきた非現実的な美女だと思っていたのに、マドリッドで見かける女性はしばしばソニアによく似ていた。おそらく典型的なスペイン美女になるための化粧法があるのだろうな、と推測することができた。

あの夜、ベルリンのナイトクラブで、ソニアは美しく踊っていた。大音量で流れている音楽は電子音楽のテクノやハウスだが、フランスの音楽家ジョルジュ・ビゼーの『カルメン』を連想した。定型発達者にとってもものすごい音だから、僕にとってはなおさらだ。しかし、僕はこのような大音響にしばしば慰められてきた。心が麻痺状態になって、「地獄行きのタイムマシン」が停止するからだ。発達性協調運動症を持つ僕は、まともに踊れない。クラブの轟々《ごうごう》と響く電子音の渦のなかで、僕はほとんど棒立ちになり、ひっそりと地味にビールを飲んでいた。ソニアと顔を近づけてこんな会話をした。

「どうして踊らないの？」

「たいていの日本人は踊れない」

「日本人って週末に踊らないで、何をしているの」

「カラオケに行って歌う。ヨーロッパ人は踊り、日本人は歌う」

「村上の小説にそんな話は出てこなかった！　踊りながら歌えばいいのに」

「ほんとうにそうだなあ。春樹の小説にはカラオケが出てこないなあ」

「私は日本のことは、村上の小説からたくさん学んだと思ってた」

「残念ながら、春樹の本から得られる日本イメージは、誤った日本イメージです」

「そうなんだ？」

ソニアと話していると、よく意気投合して盛りあがったのだが、僕の人生ではいつもと同様、その緊密な親交が長続きすることはなかった。現在の僕はそれを発達障害のせいだと考えているが、ソニアといま話せたら、彼女はどのように語るだろうか。「日本人って変わってる人が多いから。村上もそうだし」と意見するかもしれない。

日本ではかつて「ガラパゴス化」という言葉がよく使われ、国内で国際性を欠いた独自性の高い文化が発展していることが話題になった。もしかすると、これは日本という国の「脳の多様性」なのだろうか。あるいは日本社会がある種の発達障害のようなものを抱えこんでいるのかもしれない。本来の意味での発達障害とは異なる、ある種の精神疾患。僕はなかば冗談、なかば本気で、そのようなことを考えてしまう。

一五　透きとおる夜　グラナダ

バルセロナに旅行したとき、到着する前から体調を崩していた。鉄道でスペインに入ったのだが、乗っていた電車が事故で遅れに遅れた。夜の八時に到着する予定だったのが、深夜まで何時間も停車したままだった。深夜に乗客を放りだすわけにもいかないということなのか、復旧した数時間後、早朝になって、ようやく駅に到着した。

そのせいもあってか、風邪を引いて、一週間ほども寝こんでしまった。三〇代のあいだに体質が変化して、いまの僕はほとんど風邪を引かない。でも、若いころの僕は半年に一回くらいの間隔で、決まったように風邪を引いていた。おそらく自分の限界を考えずに行動しつづけていたのだろう。歳をとることによって、無理をしなくなり、風邪のサイクルから脱けだすことができた。発達障害の診断を受けてからは、ますます風邪を引かなくなった。当事者研究によって、自分自身を障害者として配慮し、みずからの気分と体調を毎日こまかく確認するようになり、生活全体を調整しなおしていったからだ。

バルセロナで風邪がなおったあと、サグラダ・ファミリアを見た。この建築物の非日常感と、すぐ隣にあるガウディ広場の平凡な日常感の落差が印象に残っている。でも僕の記憶には、バルセロナよりも、そしてマドリッドよりも、スペイン南部のアンダルシア地域が深々と刻まれている。この地のグラナダを訪れた。アンダルシアは八世紀にわたるイスラム支配の時代を経ているため、スペインのなかでも特にイスラム文化の影響を残している。それは僕にはむしろ、より濃厚なスペイン文化のように感じられた。ちょうどバイエルンの文化をドイツ文化の典型と誤認してしまう人と同様のことが僕にも起こっていた。

病み上がりの僕の人格は不安定なままだった。「キマイラ現象」が発生していた。作家の平野啓一郎は、人は誰でも家庭、職場、友人や恋人と一緒にいる場などで、自分の態度を変えており、その個々のパターンとしての人格を「分人」と呼び、その集合が自分という存在なのだと述べているが、自閉スペクトラム症があると、この「分人」がうまく統御できない。

僕はそのころ、指導教員との軋轢《あつれき》に悩んでいた。彼は論文執筆上のインポテンツに苦しんでいて、自分が抱える大学院生のゼミの発表で、「これは」と思うものがあると、そのテーマを没収して、先に自分の論文にしていた。僕は修士課程のとき、『西洋の没落』で知られるオスヴァルト・シュペングラーとムージルの関係について発表し、指導教員から絶賛されたため、これで修士論文のテーマは決まったと安心していたら、先に論文にされてしまった。ゼミの際に「横道くんもどうぞ」と言って「教養の『没落』——ムージルの『シュペングラー・エッセイ』の余白に」と題された論文の抜刷りを渡された瞬間が忘れられない。僕が発表した内容そのままではなく、それを発展させた内容だったのだが、呆然としてしまった。僕は自分が修士論文で何を書けば良いのかわからなくなって、その指導教員に強姦されたかのように感じた。

小学生のときに見ていた『超獣戦隊ライブマン』という特撮ヒーロー番組も思いだされた。敵のボス、大教授ビアスは、自分の幹部たちに手柄を競わせ、達成度に合わせて点数を加算していく。到達点は「千点頭脳」だ。幹部たちはその「千点頭脳」をめざし、互いに対立しながらも、高みをめざしてゆく。だが「千点頭脳」になった者はどうなるのか。ビアスはその者を殺して頭脳を取りだし、収集してきた残虐無道な人物だった。それらの頭脳によって若さを保ち、一二個集めることによって全人類を洗脳できる兵器を完成させようとしていた。その事実を知って絶望し、脳を奪われないようにするため、脳ごと全身を機械に改造する幹部も、脳を捧げることは喜ばしい奉仕だと自画自賛する幹部も現れる。

二〇代後半の僕は不安定になり、周囲にいる人物の人格を取りこみやすくなった。いつも自分が別の人物を演じているような感覚だった。自分が多頭の怪物になっていくような気がした。ちいさいころから、自分がひとりぼっちで宇宙から孤絶している感覚をいつも持っていたが、それがますます深まった。発達障害のことが世間で広く話題になりはじめていた時期だが、僕はその動静については把握していなかった。自分の事情がわからないまま、僕は人間関係で孤立を深めた。

この孤絶に対する自分なりの解決は、「融解」だった。フロー体験を得ることによって、僕は自分の身体感覚を飽和させ、外界に向かって霧散させることができる。そうして、僕はキマイラ現象をリセットする。しかもマイエンフェルトの項で書いたように、僕は歩くことによって簡単に「ゾーン」に、つまりフロー体験を起こすことができるのだ。歩くこと以外では、入浴も効く。サウナ室と水風呂の往復が理想的だが、水を好む僕には水風呂と洗面器による湯浴み、または水のシャワーと湯船の往復でも良い。皮膚表面と血行から感得する温かさと冷たさが急激に上がり下がりする。そうして僕という存在を包んでいる膜が浸透圧を起こす。これがフロー体験を立ちあげる。

その感覚は、ヴァージニア・ウルフが長編小説『波』で描いた時空に似ている。

わたしは生け垣のほうへとさ迷いゆき、花を摘む、緑色のブリオニア、月光に染められたサンザシ、野薔薇やつる草を摘む。胸にしっかりと抱えて帰り、つややかな輝くデスクに横たえる。揺れる川のほとりに座り、大輪に輝く睡蓮《ウォーターリリー》を見る。水のような月光を放ち、生け垣にかぶさるオークの木を照らし出す睡蓮を。花を摘む。花束を作り、胸に抱えて捧げる――ああ！　でもだれに？　わたしという存在の流れを堰《せ》きとめるものがある。深い流れが、何かの障害物を圧迫する。ぐいっと引っぱる、たぐる。けれど何か中心にある魂が抵抗する。ああ、これが痛み、これが苦悶！　わたしは気を失い、力尽きる。ほら、わたしの身体《からだ》が溶けていく。封印が解かれ、まばゆく発光する。ほら、流れは深い潮に注ぎ込み、そこを肥沃にし、継ぎ目を押し開き、固く閉じたものを力ずくで押し開き、一気に溢れだしてゆく。わたしの温かな身体を、わたしの透過性の身体を通り抜け、流れゆくすべてのものを、ああ、わたしはいったいだれに捧げたらいいの？（ウルフ 2021: 63）

僕はグラナダで大いに歩いた。バルセロナで何日も寝たきりだったから、その反動のようにしてグラナダを全身で呼吸しようとした。アルハンブラ宮殿を見た。スペイン・イスラム文化の象徴。城砦としての機能を備えた宮殿。フランシスコ・タレガのギター曲「アルハンブラの思い出」が頭のなかで流れた。青狂いの僕は、コマレス宮に大いに惹きつけられた。中庭の池が、空の青色と灰茶色の宮の写像をあざやかに反映していた。壁を飾る青と緑と黄銅色のタイルも美しい。青が緑や黄銅色と、ひそかなワルツを踊っていた。そして、その青い輪舞が、上空の広大な青へと拡散していった。だがそれ以上に感動したのは夕暮れ時だ。夏の夕方の涼しい空気に撫でられ、旧市街を歩いていると、自分がいつの時代にいるのかわからなくなる。夕方のモロッコ坂は、まるでゴッホが描いた『夜のカフェテラス』のようだ。やわらかな灰色の街並みを、あかりが黄色く照らし、空の群青色と共鳴している。僕は歩きまわり、バルに入って、「セルベッサ、ポル・ファボール（ビール、お願いします）」と言った。僕が知っているスペイン語はそのころは多くなかった。でも、どこに行ってスペイン語を聞いても、これは習得しなければならない音色の言語だと感じた。僕はいまでもすべての言語のうちで、スペイン語の音がいちばん好きだ。

体が液体化する。自分と世界とが互いに浸透しあってゆく。自閉スペクトラム症があると、自我が不安定になる。そのため、解離しやすい。解離とは精神医学の用語で、現実と空想が融合してしまった精神状態のことだ。僕には深刻ではないが、その解離がある。発達性協調運動症があると、体の延長を把握しにくくなるため、僕の場合、自分がしばしば透明化し、内部から外界へと浸透していっていると感じる。その浸透圧の感覚が、万有との合一を達成してくれるのだ。

駅近くのホテルまでの道を、夜空を見上げながら辿った。パーシー・ビッシュ・シェリーの詩「モンブラン――シャモニーの谷で書かれた詩」のように宇宙が身近にあった。

森羅万象から成る永遠の宇宙が／精神を貫き流れ、急流の波がうねり／暗くなり――

きらめき――翳《かげ》を水面《みなも》に映し――／輝きを与え、その流れに、秘密の泉から／人間の思考の源が、貢《みつ》ぎの水を／注ぐ――半ば自分の、半ば借り物の音を立てて。／寂しい山々の、鬱蒼とした森を流れる時に／か細い小川がしばしば半ば借りて立てる音に似る／小川の周りで永遠に迸《ほとばし》る滝つ瀬の音／森と風が競う中、石走《いわばし》る大河が／上げる久《く》遠《おん》の轟音。（シェリー 2013: 53）

夕暮れ時の群青色に滲む空をつうじて、万物が宇宙空間へと還元されていた。

カフェテラスでふたりの老女がビールをあおりながら、大声で歓談していた。ふたりとも白髪だったが、女子中学生のような快活さだった。スペイン語の音の印象が、そのように感じさせたのだと思う。僕も老後はスペインに住むのが良いかもしれない、という考えが頭をかすめた。

ホテルに戻って、いつものように風呂を楽しんだ。僕は二〇歳過ぎまでなかなか入浴の魅力がわからなかった。長年、週に二回シャワーをささっと浴びる程度で、家族から不潔だと忌避されていた。一九歳で最初に住んだ学生寮は、共用の風呂もシャワー室もないところで、週に二回くらい銭湯に行けば良いのだから問題ないと信じていた。ところが二〇代のうちに、だんだん風呂好きになった。大学院に進学してから移った別の学生寮では、夕方から湯船に湯がはられて、それを準備した老人の管理人が一番風呂を楽しんでいた。あまりに気持ち良さそうに入っているので、僕も真似てつかっているうちに、すっかり風呂好きになってしまったのだ。

「発達界隈」――発達障害がある人たちのコミュニティあるいはクラスター――では、風呂嫌いを公言する人が多い。心の病気になると、行動を起こすことが難しくなり、入浴などの基本的な身の回りの手入れもおろそかになる。ツイッターを通じて「お風呂倒した！」と入浴の達成を報告する人もいる。入浴という課題の達成を強敵と見なし、その討伐に励んでいるのだ。でも僕は鬱々として何もしたくないときでも、進んで風呂に入る。とりあえず風呂に入ることで、やる気のスイッチを入れることができると知っているからだ。

グラナダでも風呂を楽しんだ。ベルリンの市民大学でスペイン語を教えてくれたセフェリーノのことを思いだした。顔の輪郭は綺麗な卵形で、頭は禿げあがり、ヒゲを生やしている五〇歳くらいの男性。ラテン系のイメージどおりの外見だった。彼はアンダルシアの出身だったけれど、流浪する人で、その時分にはドイツでスペイン語を教えていたが、かつては日本の四国に住んでいたこともあると言って、「タコ」や「トロ」などの魚介類の名前を口にして、懐かしがっていた。スペイン語で「タコ」(taco)はメキシコ料理の軽食、「トロ」(toro)は雄牛を意味するから、彼はそれらの単語を簡単に覚えることができたのだと思う。

ベルリンではさまざまな言語を学んだが、セフェリーノの講座がいちばん肌に合っていた。彼から教わることで、スペイン語で簡単な会話ができるようになった。でも、いまから思えば彼にもおそらく自閉スペクトラム症の傾向があった。

「オラ、マコト」

「オラ、セフェリーノ」

「きのう何をしてた？」

「アレハンドロ・ホドロフスキーの映画を見た」

「ホドロフスキー？　ホドロスフキーのめっちゃグロな映画ってことか？」

「うん。とてもとてもグロい映画だった」

「なるほど。ところでマコト、ひとつ質問がある」

セフェリーノの声が硬質化し、挑戦的に響きわたる。僕は「ポル・ファボール（どうぞ）」と口にする。

「ホドロフスキーはどこの出身だ？」

「メキシコ」

「ちがう」

「コロンビア」

「ちがう」

「アルゼンチン」

「ちがう！」

「ペルー」

「ちがう‼」

「メキシコ人かコロンビア人かアルゼンチン人かペルー人だと思ってた」

「ちがうね‼!」

「じゃあ、わからない」

「チリ人だ」

「そうか！　チリ出身なのか」

「オレたちの惑星にはチリという名の国が存在する。ちょうど日本という名の国が存在するように。このことを忘れるな」

「わかった」

中南米にあるスペイン語圏の国名や国民名を言う訓練になっていたのだが、彼はいかにも自由人という雰囲気で机の上にあぐらをかきながら授業をした。その野放図さと、対照的な抜群の教養。それが僕自身の、お坊ちゃんのように行儀が良いのに破天荒なところもある個性の鏡映しになっているように感じられた。

いまでも僕はセフェリーノのことをときどき思いだす。ただし、僕たちの交流は、ある出来事をきっかけとして、絶えてしまった。魂が似ていない者同士だけでなく、あまりに魂が似ている者同士も、ともに同じ道を歩みつづけることは難しい。かつて理解できなかったその事実を、いまの僕は明瞭に認識できている。

一六　一九世紀の首都　パリ

高校生のころ、フランスになんとなく反感があった。フランス文学は恋愛ものが多くてちゃらちゃらしている、おれは大学に入ったら、思想性ゆたかなドイツ文学やロシア文学を学ぶぞ、と思っていた。非常に浅はかだったと思う。哲学的なフランス文学に関する知識が足りていなかったし、哲学的な小説はしばしば文学的な深みに欠けることにも気づいていなかった。

僕は一〇代のころからジェンダーとセクシュアリティに悩みを抱えていた。自分が生まれるまえの時代のレトロな少女マンガの大収集家でありながら、高校生のころからヒゲをはやし、大学生のころからは戦中の軍人のような丸眼鏡をかけていて、自分が「男らしく」見えるように工夫していた。だから、「ちゃらちゃらしている」ものから距離を置こうと図った。

大学生のときにマルセル・プルーストの『失われた時を求めて』、アルチュール・ランボーの詩、ドゥニ・ディドロの『ダランベールの夢』、ジャン＝ジャック・ルソーの

『新エロイーズ』などに夢中になって、フランス文学に開眼した。大学院時代にはミシエル・フーコーやジャック・デリダの哲学書を読んだ。ポール・リクールを研究していた先輩からフランス語の手ほどきを受け、フローベールの『感情教育』やステファヌ・マラルメの詩を読む会に参加して、感激した。

三〇代になったころ、ベルリンに住んでいたときは、ドイツ語によるフランス語の講習を受けた。ドイツ語もフランス語も両方上達するにはすてきな方法だった。とはいえ、裕福な市民が多いシャルロッテンブルク＝ヴィルマースドルフ区の市民大学で受講したときは、「ドイツ語も完璧でない東洋人がフランス語を学ぶなんて」と白い目で見られた気がする。教師もクラスメイトも冷淡で、フランス語は高級なものだと誇らしげにしているのが感じられた。逆に貧困層が多いノイケルン区で受講したときには、教師もクラスメイトも親切だった。「外国人が通ってきている」と好奇の眼で見られつつも、穏やかに歓迎されていた気がする。フランス語は興味深い言語のひとつにすぎない、と見なされているのではと感じられた。もちろん、どちらの人々の心中も、僕がそのように推測しただけだ。

その後、日本でフランス語教師たちからフランス語の手ほどきを受けた。フランス語はそれなりに読めるようになったものの、口頭のコミュニケーションはなかなか上達しなかった。スペイン語がかなりできるようになっていて、スペイン語もフランス語もラテン語の俗語から派生したから、語彙や文法は想像がつくことが多かった。でも、スペイン語はイタリア語やポルトガル語とは似通っているのに対して、フランス語とは（少なくとも表面的には）、それほど似ているようには感じられない。英語とドイツ語が同じ言語から分かれてできた言語ではあれ、そっくりと言えるほどではないのに似ている。

僕がフランス語をしゃべると「スペイン語なまり」が入ることがあって、よく注意された。なかには露骨にスペインやその文化を見下している教師もいて、どこでも「隣国」というのは難しい問題なんだなと痛感した。ドイツ人も隣国のフランスに苦手意識を抱き、その向こうにあるスペインには好印象を抱いている人が多い。一部の日本人が、国境を接する韓国、北朝鮮、中国、ロシアに反感を持ついっぽうで、ある程度距離が離れたタイ、インドネシア、マレーシア、フィリピンなどに好意を感じやすいのと同様に。フランス人にとってはドイツもスペインも隣国だから、両方の国に複雑な感情を持つ人が多いようだ。

日本語がじょうずなフランス語教師に、「西洋でもっとも洗練されているのが、フランス文化。イギリス文化やアメリカ文化じゃない。東洋でもっとも洗練されているのは、日本文化。中国文化や韓国文化じゃない」と主張する人がいた。英語圏に劣等感を抱き、苦労して日本語を学んだのに、中国や韓国の存在感が高まってきたことに失望しているのだと推測された。

フランス語を学んでいると、京都に過剰な誇りを持つ人たちのことが連想されて仕方なかった。彼らも大阪や東京に劣等感を抱き、見下した態度をつくることで、自分の世界観を守ろうとしている人たちだ。無論、日本人にフランス語を教える教師と一口に言っても、そういう偏見から自由な人にも出会えたのだけれど、次第に息苦しくなって、フランス語の勉強も充分とは言えない段階で中断してしまった。

そんな残念な僕だが、もっとも感動した海外の場所のひとつがパリだ。アルチュール・ランボーとポール・ヴェルレーヌという天才詩人たちが出会った街。ジャン＝リュック・ゴダールの映画『気狂いピエロ』で、ジャン＝ポール・ベルモンドとアンナ・カリーナが演じるカップルは、この街から南仏へと移動していく。クリス・マイケルの映画『ラ・ジュテ』では、近未来の廃墟になったパリの白黒映像が鮮烈だった。セルジュ・ゲンズブールとジェーン・バーキン、フランス・ギャル、クロディーヌ・ロンジェなど、この街に住んでいた好みの音楽家たちも記憶のなかで揺らめく。

パリのどこにそんなに感動したかというと、何よりもその「配列の美」とも言うべき空間設計だと思う。ルーヴル美術館を街の中心に見立てると、その中庭のカルーゼル凱旋門から東に行くと、パリ市庁舎があり、その先にバスティーユ広場がある。逆に西に行くと、オベリスクが立つコンコルド広場があって、シャンゼリゼ通りが続き、その西端にシャルル・ド・ゴール広場があって、パリの最大の象徴のひとつ、エトワール凱旋門が建っている。さらにその先をずっと西に行くと、ラ・デファンス地区に新凱旋門と呼ばれるグランダルシュが建っている。この三つの凱旋門が作る長大な直線。さらに、この直線の南には別の短い直線がある。ルーヴル美術館のやや南東にあるパリ発祥の地、シテ島のノートルダム大聖堂から、その西にあるエッフェル塔までの直線だ。エトワール凱旋門と並ぶフランスの最大の象徴エッフェル塔は、きれいに南北関係を結んでいる。この横に並んだ二本の直線を、北にある白いお化けのようなサクレ・クール寺院と、南にある趣味の悪いモンパルナス・タワーを結ぶ直線が縦に貫いている。

このような空間の美学には、どんな人でも感銘を受けるかもしれないが、自閉スペクトラム症者の場合にはなおさらそうだと思う。重度の知的障害がある自閉スペクトラム症――古典的な意味でのこの自閉症は、現在はカナー型自閉症と呼ばれる――を持っている子どもは、自分が好きで集めたおもちゃを、独自のこだわりにしたがって並べていく遊びを好む。収集し配列することへの強い衝動があるのだ。これもおそらく体験世界の不安定さが影響しているのだろう。自分を安定させるための収集と配列。僕のように知的障害がない自閉スペクトラム症者でも、何かを集めて並べることに、強い欲動を感じる。結果、僕の人生は収集と配列に彩られてきた。さまざまなモノを収集し、書物を収集し、知識を収集し、経験を収集してきた。そして、どういうものを新たに集めれば、僕の人生全体の配列がおもしろくなるだろうか、と考えつづけている。そんな僕にとって、パリは理想の都だった。

ベルリンの中心にあるブランデンブルク門は平和門と呼ばれる。これも一種の凱旋門だ。ローマにあるコンスタンティヌスの凱旋門は、カルーゼル凱旋門のモデルになった。かつて眼にしたそれらの建築物も脳裡で参照しながらパリを歩いていると、自然に心が浮きたつ。しばらくまえに、中学校の国語の教科書のために、僕が一〇句の俳句を選ぶならば、どうなるかと思案したことがあった。僕はそのときも、パリのことを思いだしながら、作業を進めた。

古池や蛙《かわず》飛びこむ水の音　松尾芭蕉
をととひのへちまの水も取らざりき　正岡子規
分け入つても分け入つても青い山　種田山頭火
水枕ガバリと寒い海がある　西東三鬼
炎天の遠き帆やわがこころの帆　山口誓子
草二本だけ生えてゐる　時間　富澤赤黄男
彎曲し火傷し爆心地のマラソン　金子兜太
かぶとむし地球を損なわずに歩く　宇多喜代子
皿皿皿皿皿血皿皿皿皿　関悦史

起立礼着席青葉風過ぎた　神野紗希
（並びは俳人の生年順）

おそらく僕以外の誰が見てもパリとは無関係に感じるはずだが、僕にとっては、この一〇句をとおして立ちあがる香気は、その優美さと完全さによって、パリの美と等価だ。パリを歩きながら、何度も「一九世紀の首都」とつぶやいた。自閉スペクトラム症があると、同じ言葉を何度も口にしたがる傾向がある。ヴァルター・ベンヤミンが、この街にそのような形容を捧げたのだった。一九世紀という時代全体の、地球の中心地ということ。二〇世紀の首都はニューヨークかな、二一世紀の首都は上海だったりするのかな、などと考えながら歩いた。もちろんこの街でも、両眼の焦点が合わない状態で、満面の笑みを浮かべながら、隙だらけの身のこなしで、両方のくるぶしをコキコキ回しながら歩いた。

ルーヴル美術館、オルセー美術館、オランジュリー美術館などを回った。『ミロのヴィーナス』、レオナルド・ダ・ヴィンチの『モナ・リザ』、ウジェーヌ・ドラクロワの『民衆を導く自由の女神』、ジャン・オーギュスト・ドミニク・アングルの『泉』、エドゥアール・マネの『草上の昼食』と『オランピア』、オーギュスト・ルノワールの『ムーラン・ド・ラ・ギャレットの舞踏会』、ゴッホの『自画像』を見た。現代美術をこよなく愛する僕は、ポンピドゥー・センターの国立近代美術館にもっとも感動した。最初は建物の外観がひどく無趣味に見えたが、いまでは愛おしさを感じる。クリュニー美術館、ピカソ美術館、ギュスターヴ・モロー美術館のどれにも満足した。やはり美術の王国はフランスに決まりだという月並みな結論を得た。

パリの印象は強烈きわまるものだったから、ちょっとしたことが引き金になって、パリの記憶が脳裏に再生されてくる。イギリスのドイツ語作家W・G・ゼーバルトの『土星の環』を読んでいた際、イギリスの田舎町の森について書いている描写なのに、僕はそれが、その美しさゆえにパリの情景のように錯覚された。夢の世界でだろうか。「私」は友人の妻アンナとリムジンに乗りこむ。

車は速いとも遅いともつかない速度で滑っていく、だがふつうの道路ではなく、素晴らしくふんわりしていて、ゆるやかに波打っている道だ。窓の外の空気は大気よりも濃く、しずかに流れる水のような感じ。滑るように走っているとね、とアンナは言った。窓ごしに森が、言葉で言い表せないくらいひとつひとつくっきりと鮮やかに見えるの、ふんわりした苔の敷物から伸びだした茎の先の無数の微小な蒴《さく》、髪の毛みたいに細い茎、ふるえる羊歯、すっくと伸び上がった樹々の、灰色の、褐色の、すべすべの、ごつごつの幹、その根もとを数メートル上まで隠している藪のみっしり繁った葉むら。上にはミモザやマロウが海と広がっていて、そこへまた生い茂る樹海のべつの階層から、純白や薄桃色の小花を霞のようにつけた何百という蔓植物が垂れ下がってきている、その蔓植物の上はと見ると、蘭やアナナスに飾られた、巨大な船の帆桁を思わせる大枝が、幾本も横に伸びている。さらに上、もはや眼では見えない高みに椰子の梢がゆれていて、うぶ毛の生えた扇状の繊細な枝が、底知れぬ深さをもつあの暗緑色、ダヴィンチが《受胎告知》や《ジネーヴラ・デ・ベンチの肖像》に出てくる樹木の樹冠に描いた、金か黄銅を下塗りしてあるのではと思うような暗緑色をしている。それがどのくらい美しかったか、とアンナは語った。（ゼーバルト 2007: 179）

僕の内部では、いつも自閉スペクトラム症の「こだわり」と注意欠如・多動症のマインドワンダリングが絡みあい、協奏している。その協奏が、ここに描かれている「こだわり」とマインドワンダリングを感じさせる時空間と、太い響きのハーモニーを構築する。その総合性が、僕にパリの美を連想させるのだろう。また、ゼーバルトがドイツに生まれ、イギリスで生きたという経歴を保つために、この二つの国と三角形を結ぶフランスが連想された可能性もある。

僕はどこの国、どこの街に行っても、その国や街に無関係なことをつぎつぎに連想してしまう。脈絡を把握しづらく、「空気が読めなくなる」事態は、この点に理由があるのだが、それはよく言えば「文脈を超越できる」ということでもある。そうして僕は世界中のどこにいても、ふだん京都で日常生活を送っているとしても、時空を超脱した世界周航を楽しむことができる。

なのに、パリでは多くの時間、僕の心はパリに打ちこまれたままだった。マインドワンダリングが発生しづらかったのは、パリが有する強力な磁場の力に起因する。パリのどこにいても、心がこの街に引きよせられた。ほかの場所へと心が浮気しなかった。僕はそんな体験を、パリ以外ではしたことがない。

パリといえば美食のイメージがあると思うけれど、僕は贅沢な料理にそれほどの関心を払っていない。若いころは高い料理や酒のために散財したこともあったが、それも知的好奇心のためだ。おいしいものは好きとはいえ、僕は自分で作った簡素な料理、じゃがいもを茹でて塩胡椒と辛子マヨネーズをかけて食べるとか、鮭をグリルで焼いて白米と一緒に食べるとかでも天国的な幸せを味わうことができるし、それらのほうが世の中のたいていの料理よりも、僕にとっては満足度が高い。でもパリではやはりおいしい料理が記憶に残った。僕の場合、高級レストランには興味がなく、ビストロの気楽な料理を選んでしまうのだけれど。

エスカルゴを初めて食べたのはパリの中心にあるシテ島のビストロでだった。僕の殻が破られ、ゲテモノ料理に目覚めた一食だった。エスカルゴをゲテモノ料理と呼ぶのは語弊があるかもしれないが、ゲテモノ料理では？ と疑いながら食べたものがとてもおいしいことに感動した。それからしばらくのあいだ、僕はさまざまな奇食珍食に耽っていくことになるが、それらはパリにもフランスにも関わらないから、本項では触れないでおく。

一七　サイケデリック幻想　アムステルダム

ベネルクス三国（ベルギー、オランダ、ルクセンブルクの総称）という言葉を学校で習ったのは、いつのことだったか。この総称に、愛着を感じる。ベネルクスというかっこいい響き。特撮ヒーローの主人公やアニメの主役ロボットの名前みたいな音。「三国」は、横山光輝のマンガや光栄（現：コーエーテクモゲームス）のシミュレーションゲームで夢中になった『三国志』を想起させる。地図で見ると、ヨーロッパ大陸とイギリスのあいだに二等辺三角形のような形状で位置しているこの三国。いまから思えば、自閉スペクトラム症の配列へのこだわりも刺激していたのだろう。

ルクセンブルクについてはローマの項で少し言及した。面積は日本よりずっと小さな国だけれど、一九九二年から現在まで、ひとりあたりの国内総生産（ＧＤＰ）は世界首位の座を守ってきた。ひとりあたりの富裕度は、日本人よりもずっと上だ。ベルリンに住んでいたときに、ルクセンブルク出身の研究者と知り合いになったことがある。欧州連合（ＥＵ）と欧州外の世界の経済関係を研究している人だったが、話しているとヨーロッパ各国文学の素養もあり、フランスに住んでいたこともあり、非常に高い教養に恵まれていた。何より圧倒的なのは、その外見だった。まるで神話を題材にした絵画のなかから抜けだしてきたような、貴族的な美青年だった。もちろん、ルクセンブルクの人がみんなそのような内面と外見に恵まれているわけではないにせよ、彼は僕にとってルクセンブルクの代表のように思われた。彼が「廃墟化」したら、ますます美しいと思う。

ベルギーでは「水の都」として知られるブリュージュだけ行ったことがある。水、正確には爽やかな〝純粋水〟のイメージを愛する僕は、「水の都」という言葉に弱く、その字面《じづら》が僕のこだわりを刺激する。でも実際の水の都は、不潔な視覚的かつ嗅覚的印象をもたらす街が多い。ちょうど僕たちの日常でも、台所、浴室、トイレといったいわゆる「水回り」が、不衛生になりがちなのと同じだ。大阪やヴェネツィアでと同じく、ブリュージュでも僕は水の都に対する失望を深めた。

ブリュージュの石畳の道を僕は疲れはてて歩いた。疲れたときにも僕の両眼の焦点は合わなくなる。想像できるだろうか。ヨーロッパの「水の都」で、両眼の焦点が合っていない日本人の男性が、地獄めぐりをするかのような苦悶の笑顔を浮かべながら、隙だらけの身のこなしで、石畳の旧市街でトランクを重たげに引きずりつつ、両方のくるぶしをコキコキ回しながら歩いていく姿を。僕はそのときの自分を「ブルッへの妖怪」と名付けたい。ブリュージュとはフランス語名だが、現地ではオランダ語が使われていて、彼らは自分たちの街を「ブルッへ」と呼ぶ。

オランダでは、アムステルダムのみ訪れたことがある。この街も水の都と呼ばれる。街の規模が大きいだけあって、運河はやはり不衛生な見た目をしていた。二一世紀でもそうなのだから、近代以前はすさまじく不潔だったのではないか。その水の都を巨人たちが闊歩する。オランダ人の平均身長は世界一だ。現在、二〇歳だと男性は平均が一八三センチメートルくらい、女性が一七〇センチメートルくらいらしい。日本だと現在の二〇歳の平均は、男性は一七〇センチメートルくらい、女性が一五七センチメートルくらいだから、日本人男性の平均はオランダ人女性の平均くらいということになる。観光客が多い旧市街でも巨人だらけと感じたが、地元の住人が多い新市街は、ますますそうだった。

アムステルダムでは旧市街の書店で長い時間を過ごした。それまでにオランダ語の本を眼にする機会がなかったから、知的好奇心が刺激された。英語にもドイツ語にも似ているけれど、読んでみると見当がつかない部分のほうがずっと多い。オランダ出身の友人に尋ねると、オランダ人はドイツ人がしゃべっていると、ドイツ語を知らなくてもなんとなく理解できる、それに対してドイツ人はオランダ人がしゃべっているのを聞いても、オランダ語を普通は理解できないのだそうだ。僕の語学能力はオランダ人よりもドイツ人に近いわけだから、オランダ語はやはりまるでわからなかった。のちに、少しだけ日本でオランダ語の文法を学ぶ機会を得たのだが、知れば知るほどドイツ語との近さと遠さの両方に驚いた。
アムステルダムでは、国立美術館でレンブラント・ファン・レインの『夜警』とヨハネス・フェルメールのいくつかの作品を見た。フェルメールを見ていると、かつて読んだアメリカの小説家ジョン・アップダイクの長編小説『ケンタウロス』が思いだされた。アメリカの田舎町に住む画家志望の少年の想像のなかで、ニューヨークへの憧れとフェルメールへの憧れが融合する。

いつの日かぼくの洋服箪笥は美しい衣服にあふれ、皮膚はぼくが絵にかいたミルクのようになめらかになり、巨万の富と輝かしい名声とならんでフェルメールの絵のような天国のようなさわやかな絵が描けるようになるだろう。フェルメール自身は無名で貧乏であったという。でもそれはフェルメールが遅れた時代に生きていたからだと思えた。〔…〕花瓶やみがいた家具がぼくのまわりに立ち並んでいる。堅いテーブルクロースの上には砂糖パンの塊が点画法でかいたような光の点で飾られておいてある。ぼくの家のバルコニーの手すりの向こうには、ニューヨークという名の休みなく日に照らされた大都会がその無数の窓を輝かせている。白壁は白亜と丁子《ちょうじ》の香りを含んだそよ風をうけとめている。戸口に立つ女が、みがいたタイルの床に影を映しながらぼくを見つめていた。その下唇はハーグにあるあの青いターバンを巻いた少女の下唇のように少し重々しくゆるんでいる。(アップダイク 2001: 78-79)

言及されている絵は『真珠の耳飾りの少女』、または『青いターバンの少女』と呼ばれる作品で、オランダのデン・ハーグにあるマウリッツハイス美術館に所蔵されている。僕は徳島県鳴門市にある大塚国際美術館で、複製品だけ見たことがある。大塚国際美術館は西洋絵画を大量に展示していて、すべて複製品とはいえ、それだけに名画を見放題という、ある意味で世界最強の美術館だ。アムステルダムで初めて見るフェルメールの本物の絵は、大塚国際美術館で偽物を見たときと同様、その小ささに拍子抜けした。なんだか日曜画家が趣味的に制作したようなサイズだった。

そしてファン・ゴッホ美術館。僕はピカソに勝るとも劣らないくらいゴッホを偏愛している。展示されていた『花咲くアーモンドの木の枝』、『種をまく人』に心揺さぶられつつ、彼の作品を多く見てきただけに、そこに飾られていない作品も思いだして、深い満足を覚えた。『星月夜』はニューヨーク近代美術館で見た。ゴッホの自画像のうち、僕がもっとも好む、顔を除いた全体が水色に塗られた作品は、オルセー美術館で見た。あとは『夜のカフェテラス』と『糸杉と星の見える道』をいつか見てみたい。このふたつは、オランダの街オッテルローにあるクレラー・ミュラー美術館に所蔵されている。

ゴッホの『ひまわり』は、合計七点が制作されたという。そのうちの一点をこの美術館で見た。一点をドイツのミュンヘンにある美術館ノイエ・ピナコテークで見た。残り三点はロンドンのナショナル・ギャラリーと東京のＳＯＭＰＯ美術館で一点ずつ見た。ロンフィラデルフィア美術館に所蔵されているもの、アメリカの個人蔵のもの、阪神大空襲で焼失したものだが、これらは見ていない。焼失して現存しない一点を除けば、『ひまわり』鑑賞の達成率は、約六六％ということになる。

いつも「みんな水の中」と感じている僕に、ゴッホの絵は最大級の精神の「快晴」を与えてくれる。ゴッホの絵のサイケデリックな色彩感覚と、竜巻のような荒々しい筆捌《ふでさば》きが、僕の体験世界に呼応するからだろう。実際、ゴッホが自閉スペクトラム症者だったと解釈する研究者もいる。ゴッホの絵の迫真力は、イタリアの詩人ジュゼッペ・ウンガレッティの詩「晴れ間」を思いださせる。

霧が／薄れて／一つ／一つ／星空が／ヴェールを脱いだ／さわやかな／風を吸うと／空の色が／口もとに／残る／ぼくは／通り過ぎてゆく／一つの影だ／不死の／円環にとらえられたまま（河島 2018: 112-113）

また僕という存在は、水中世界と快晴の闘争が発生している現場と言えるから、僕にとっての文学と芸術は、フランスの詩人ルネ・シャールが詩集『ひとりとどまる』に記したつぎの定式によって表現されていると思う。

動くものである、おぞましく甘美な大地と、異質な人間の条件とが、互いにつかみあい、性格づけあっている。詩は、それらの波紋の昂揚した総和から引き出される。

（シャール 2019: 55）

実際、僕という人間を構成する条件と、僕という人間を軸としてどこまでも広がっている、自分とはまったく異質な「動く地平」があると容易に想像することができる。両者は絶えざる闘争状態にある。そして、その総和から文学的なもの、芸術的なものが噴きあがるのだ。そんな文学性、芸術性を単純に「詩」と呼ぼう。文学と芸術の核にあるのは詩だからだ。読者が僕の本に詩情を感じる瞬間があるならば、それは、上に挙げた二つの次元の闘争から生まれてきたものなのだ。

『みんな水の中』のジャケット画を担当してくれた阿部海太さんと話していて、僕がピカソとゴッホが好きだと言うと、阿部さんはピカソも良いけれど自分にとってはゴッホが本質的に重要だと教えてくれた。そしてジャズの喩《たと》えを使って、ゴッホとピカソの関係は、ジョン・コルトレーンとマイルス・デイヴィスの関係に似ていると指摘するのだった。僕はなるほどと考えた。才能を多面的に、かつ華やかに展開させたピカソとマイルス、それとは対照的な印象がある、求道的なゴッホとコルトレーン。作品や経歴についての僕の印象では、ピカソには注意欠如・多動症の特性が、ゴッホには自閉スペクトラム症の特性があったと思う。このふたつの障害を持つ僕には、ふたりの画家が揃って本質的に大切に感じられてくる。

僕がもっとも好きな音楽ジャンルは一九七〇年前後に隆盛をきわめたサイケデリック・ロックだ。この時代にはフラワー・ムーヴメントと呼ばれる青年運動がアメリカから世界各地に波及し、平和とセックスとドラッグの組み合わせが多くの若者に訴求した。性や精神薬は、人間存在の最果てをめざそうとする道具として探究の対象になった。もちろん薬物汚染や性的乱行が好ましいとは思わないけれど、この時期に生まれてきたサイケデリック・ロックは、エレクトリック・ギターの音色が音響機器のファズによって歪《ひず》み、割れたように変形した独特の夢幻性があって、僕を揺さぶる。それは僕が体験している水中と快晴の闘争を、もっとも的確に音楽化しているのだ、という心地よい錯覚が生まれる。

僕には、現代の西洋絵画の歴史とロック音楽の歴史が並行に見えている。一九世紀から二〇世紀にかけて、フランスの印象派が発展的に解消されて、セザンヌやゴッホ作品が出現し、その先に、ピカソを始めとしたいっそう前衛的な美術が生まれていった。シユルレアリスム、キュビスム、ダダイスム、表現主義などが生まれた。それから数世代後、一九六〇年代にはイギリスのロックバンド、ザ・ビートルズのロックが先鋭化し、『リボルヴァー』などの後期の彼らの作品はサイケデリック・ロックと化した。ビートルズの『サージェント・ペパーズ・ロンリー・ハーツ・クラブ・バンド』が対抗しようとしたアメリカのロックバンド、ザ・ビーチ・ボーイズの『ペット・サウンズ』も典型的なサイケデリック・ロックだ。グレイトフル・デッド、ティラノサウルス・レックス（のちにT・レックスと改名）、ラヴ、レッドクレイヨラ、クイックシルヴァー・メッセンジャー・サーヴィス、ブルー・チアーといった英米のサイケデリック・ロックバンド。ドイツのグル・グル、ブラジルのモドゥロ1000、ペルーのロス・ヨークス、レバノンのシーダース、ケニアのクエスチョン・マーク、日本の裸のラリーズなどが続いた。タイでもフィリピンでもカンボジアでも、そのようなバンドが生まれた。多くのサイケデリック・ロックバンドは「時代の徒花《あだばな》」として消えていったが、僕にはとても大切に思える。彼らの音楽空間は僕の分身なのだから。

二〇代の後半、SNSのmixiでQさんという男性から、それらのサイケデリックな音楽を初めて教えられた。二〇代の前半まで、僕をほんとうに楽しませる音楽はアニメの主題歌などと、自分より上の世代が夢中になっていた歌謡曲（現在は「昭和歌謡」と呼ばれるジャンル）だった。僕と同世代の人たちが好んで聴いた平成のJ－PO

P、あるいは一九九〇年代と二〇〇〇年代の洋楽は、どこかよそよそしいもの、まるで理解できないというわけではないけれど、自分とは本質的には無関係と感じられていた。

僕はたくさんのサイケデリック・ロックや、それから派生したアシッド・フォークとパンク・ロックを聴くようになった。さらにサイケデリック・ロックが出現するまえの音楽界にも、下火になって以降の音楽界にも、「サイケデリック」な音楽の水脈は脈々と広がっている、という考え方を聞かされた。この意味での「サイケデリック」とは、精細な感受性を有する精神が現実と空想の揺らめく境界で揉まれながら、鮮やかに表現されていることを意味する。そのような極小の悲鳴に耳を傾けること。なるほど、意識して聴きなおしてみると、クラシックにもジャズにもポップスにも、サイケデリック・ロックの時代以前から、そのような要素が鏤《ちりば》められた楽曲はいくらでもあった。東京のレコード店、モダーンミュージックに出かけ、このレコード店が刊行していた雑誌『G-Modern』のバックナンバーを読み、同店のレーベル「PSF」のCDを集めた。このレコード店が、さまざまな音楽に「サイケデリック」な音色を聴きとることを推奨するというアイデアの発生源だと教えてもらったからだ。

過集中によって夢中になりやすい僕は、この考え方にとても入れこんでしまったけれど、この趣味を通じて作った人間関係も、発達障害者の僕には維持することが難しかったという事情や、突き詰めた音楽観との相性が良すぎて、あまりにも時間と金銭を費やしすぎて疲れてしまったため、次第に距離を置くようになった。この時代にQさんとモダーンミュージックによって、僕の感受性は飛躍的に高められたと思っているし、いまでも感謝の気持ちは消えていないのだけれど。

アムステルダムを語ろうとして、サイケデリック・ロックについて長々と書いてしまった。ゴッホの絵が「サイケデリック」だからだが、おそらくアムステルダムの街が持つ薬物と性行動のイメージもあるのだろう。よく知られているとおり、この街には大麻を含むソフトドラッグを扱うコーヒーショップと呼ばれる小売店が点在する。娼婦たちが自分の姿を窓辺から見せて客引きする飾り窓と呼ばれる地帯も耳目を集める。それらの場所は、僕には不潔な印象があって敬遠の対象だったものの、やはりアムステルダムの印象を決定づけていたと思う。そこで僕は、薬物と性を源泉としたサイケデリック・ロックを連想してしまうのだろう。

ゴッホを見るたびに、彼の絵に対して日本の浮世絵が霊感を与えたことが誇らしくなる。ゴッホは南仏に移住したときに、もう日本に行く必要はなくなった、なぜならここが日本だからだという手紙を弟に送ったことを、どこかの美術展で知った。彼が夢見た浮世絵のなかの日本は、おそらく日本には存在しないものだった。ゴッホはそれを南仏に発見し、数々の絵が生まれた。そして、前衛美術の歴史が切りひらかれた。

一八　セクシャルバイオレットNo.1

ロンドン

ロンドンは世界でもっとも有名な街のひとつだけれど、街並みや美術館などに関して言えば、パリやニューヨークにいたときほど胸が高鳴らなかった。恐竜のようにのし歩き、やりたい放題に振るまっているものの、田舎に生まれたトカゲが、生育環境に恵まれ、たらふくの食餌を摂って、身の丈に合わない巨大化を遂げたのだろうな、と感じさせるところがある。街を歩きまわってみても、パリやニューヨークと異なり、女王然とした威厳や気品を感じさせない。その意味でロンドンはどこかしら東京じみていた。

ということで僕はロンドンの魅力に対して懐疑的なのだが、それでも大英博物館には気持ちが高まった。特に感動したのは、入館料を取らず、任意の額の寄付金によって入場できるという点だ。日本の博物館でもそういう試みが広がってほしいものだ。セントポール大聖堂を見ながら、子どものころテレビアニメ『小公女セーラ』でこの建物を見たのを思いだした。この作品はアニメ版の『おしん』として知られている。ロンドン塔を見上げて、夏目漱石が留学体験をもとに書いた『倫敦塔』を思いだした。タワーブリッジを観光した僕と同年代の男性は、判で押したように、ゆでたまごのマンガ『キン肉マン』に登場するロビンマスクという人気超人の必殺技が、「タワーブリッジ」なんだとはしゃぐ。幼稚園のころ、このマンガのアニメ版に夢中になりながら、出てくる超人たちの出身国を覚え、地図で確認することに夢中になった。僕の研究人生の出発地点と言える。

ロンドンに対して、「こんな街はたいしたことない」と口を尖らせつつ、僕はチューブと呼ばれるこの街の地下鉄のファンになった。小ぶりな車両がとても可愛らしい。地下鉄に乗っていて楽しい二大都市はニューヨークとロンドンではないか。アナウンスを聴いて、「おお、あの有名な区画はここか！」と楽しくなる。そして街なかを走りまわる二階建ての赤いバス、ダブルデッカー。「こんなものは、たいしたことない」と念じつつ、乗りこむときにはしっかりワクワクしてしまった。「おれはこんなものに屈服しないぞ」と思いつつも、魅了されてしまったのだ。ちょうど東京に対してそうであるのと同じように。

大英博物館でロゼッタストーンを見て、その写真パネルがカイロのエジプト考古学博物館に飾られてあったのを思いだした。アラビア語と英語で短い解説が書かれていた。本物がイギリスにあり、その写真だけがエジプトにある。「返してあげれば良いのに」と思った。暴力の歴史によって、この国が繁栄し、この国の言語が世界中に広まったのだなと考えた。もっとも、イギリスだけを非難することはできず、暴力は世界中のどこでも人々を蝕みつづけているのだが。

テート・ブリテンは、それほど趣味ではなかった。ラファエル前派やターナーといった一九世紀の生粋のイギリス絵画が、あまり好みではないのだ。それらの絵画の気取ったニュアンスに、心からげんなりしてしまう。他方で、ナショナル・ギャラリーは心に響いた。ここで見られるハンス・ホルバインの『大使たち』は、僕がもっとも好む絵画のひとつだ。ティントレットの『天の川の起源』と、パオロ・ウッチェロの『聖ゲオルギウスと龍』にも陶酔した。だがいちばん興奮した美術館は現代美術を集めたサーチ・ギャラリー。個人コレクションを展示している美術館のうち、ここ以上に感動した場所は世界のどこにもない。現代美術を愛する人は、ロンドンに滞在したら、忘れずに訪れてみてほしい。

ロンドン郊外に位置するグリニッジ天文台にも出かけた。小学校高学年のころ、大阪の中之島にある大阪市立科学館に定期的に通って、展示品を見たり、プラネタリウムに見入ったりしたことを思いだした。ここにかつての本初子午線が定められたことを思うと（現在の本初子午線は一〇〇メートルほど東に修正されているが）、いま自分は世界の中心にいるのだと感じられた。この天文台の規模や周辺の環境を考えると、とても地味な世界の中心ではあるのだけれど。

ロンドンでは、オンラインでイギリス英語を教えてくれていたオリヴィアと待ち合わせをした。オリヴィアはロンドンで生まれ育ち、美しいクイーンズ・イングリッシュを操る女性。インド系移民の血を引いている。

ピカデリー・サーカス近くにある日本食材店、ジャパンセンターに、彼女はオランダ人の恋人ヘンドリクと連れだって姿を現した。ヘンドリクは見るからにオランダ人と言うべき一九〇センチメートルはありそうな長身で、顔立ちは整っていなくて、賢そうにも見えなかったが、優しそうだった。ソニアの恋人もそうだが、文学少女たちは長身の騎士を選ぶのだなと僕はザツな考えをもてあそんだ。

発達障害者に対して、長年「想像力の障害」が指摘されてきた。だがこれは、「非定型的な想像力」と言った方が正しい。視覚的な想像ができないアファンタジアという特性を持つ人もいれば、想像力が暴走して巨大な空想世界を構築してしまう人もいる。僕の場合は、空間把握に関する能力が限定されていて、数学的な事象に関する観念形成力も弱いが、それ以外の想像力は普通の人以上に旺盛だと思う。だから僕はオリヴィアとヘンドリクがとても幸せそうに視線を交わしあうのを見て、ルーシー・モード・モンゴメリの『アンの青春』を思いだしていた。それ以前にオリヴィアと会話するたびに、彼女の空想好きな一面から、しばしばアンを連想していたからだ。

アンは夢みるように答えた。「ミス・ラヴェンダーとアーヴィングさんのことを考えていたの。こんなになにもかも、いい具合にいったし……ながい年月、行き違いから、はなればなれになっていたのが、けっきょく、またいっしょになれたのね。こんな美しいことがあるかしら?」／と、見上げたアンの顔を、ギルバートは、しっかり見おろしながら、「そう、ほんとうに美しいことだよ。けれどね、アン、もしもぜんぜん、はなればなれにならず、行き違いなどもなかったら……もし二人が手に手をたずさえ、共に味わった思い出だけをあとに残しながら、生涯を送ったとしたらそのほうがいっそう、美しくはなかったろうか?」／一瞬、アンの胸は妙に高鳴り、じっと見つめるギルバートの視線に耐えられないものを初めて感じ、目を伏せてしまった。青白い頬がぱっと染まった。(モンゴメリ 2008: 459)

まるで少女マンガの世界だ。歴史に敬意を払えば、正しくは日本の少女マンガが『赤毛のアン』のようだ、と言うべきかもしれない。僕は中学生のときに、『赤毛のアン』シリーズ全一〇作(「アン・ブックス」と呼ばれる)を読破していった。オリヴィアとヘンドリクを、幼馴染同士のアンとギルバートになぞらえたのは、僕の純然たる空想だ。ヘンドリクはオランダ出身だから、彼女の幼馴染とは思えない。それでも僕の想像力はどんどん刺激された。ジェイン・オースティンの『高慢と偏見』の一場面も想像した。ヒロインのエリザベス・ベネットの勝ち気な様子は、オリヴィアに通じるところがあった。嫌っていた男フィッツウィリアム・ダーシーから結婚を申しこまれて、エリザベスは混乱のなかへと放りこまれる。

選りに選ってミスター・ダーシーから結婚の申込を受けるなんて！　何箇月も前から愛していただなんて！　それもさまざまな反対理由がありながら結婚したいと思うほど深く愛していただなんて！　その理由のためにあの人はミスター・ビングリーとジェインの結婚に反対したのではないか！　それならその反対理由はあの人の場合にだって少くとも同等の力は持つ筈ではないか！　エリザベスは殆ど信じられない気持であった。自分の知らないうちにそんなにも強い愛情を抱かせていたのかと思えば、確かに悪い気はしなかった。だが、ミスター・ダーシーのあの何とも不愉快な高慢な態度がすぐにエリザベスの脳裡に浮んだ。（オースティン 2017：335）

これも少女マンガめいている。日本の草創期の少女マンガは、欧米の女性作家たちによる名作を養分として成長した。僕は人間関係で疎外感を抱いたときに、よくこういう連想ゲームをやって楽しんでいる。さまざまな創作物を思いだして、眼の前で展開している出来事の上に、そっと重ねあわせてみるのだ。つまらない現実が神話的な高みへと引きあげられるから、生きる勇気を取りもどせるようになる。

オリヴィアとヘンドリクのいちゃいちゃした様子から疎外感を刺激された僕は、同じロンドンで、同性愛者たちに心を向けることによって回復した。発達障害があると、その自我の不安定さに連動して、ジェンダーやセクシュアリティも曖昧になる傾向がある。

性自認に関しては、心が男性でも女性でもない、あるいは男性でも女性でもある、または男性寄りのときと女性寄りのときがあると訴えるXジェンダー（英語では「ノンバイナリー・ジェンダー」と言う）を自認する人が自閉スペクトラム症者には多い。僕は自分がおおむね男性だとは考えているが、なかば諦めるようにして、そのように認めているというのが実情で、まわりを困らせないために、過剰に男らしさを装っているのだ。あるいはうっかり女らしくなってしまわないようにと自分を律しているのだ。

性的指向に関しても少数派になることが多い自閉スペクトラム症者には、自分が同性愛者（ホモセクシュアル）、あるいは両性愛者（バイセクシュアル）、あるいは全性愛者（パンセクシュアル）だと主張する人が珍しくない。ただし、この障害があると、オブラートに包むようにして語ることが不得意だから、定型発達者がうまく隠している性的指向の問題を、自閉スペクトラム症者は明け透けに表明してしまう、というのが実情に即しているのかもしれない。

いずれにしても、僕は自分のことを「留保付きで男性、異性愛者に近い両性愛者」と見なしている。このジェンダーとセクシュアリティの問題に、僕の「非定型的な想像力」が関与しているのかどうかは、自分でもよくわからない。

そのようなわけで、LGBTQ+（性的指向と性自認の少数派を意味する総称）に関する運動には共感するところが多い。ロンドンでは夜にナイトクラブに行き、男女の様子を観察していた。スローテンポの曲のときに、上半身を裸にした男同士が背中に腕をからめあって、耳元に口を寄せて何か囁《ささや》きあうさまを見て、マルセル・プルーストの『失われた時を求めて』を思いだした。シャルリュス男爵と仕立て屋のジュピアンに関する描写だ。

ジュピアンは、私がつねづね見慣れている謙虚で善良な表情をさっとかなぐり捨て、むしろ――男爵とはまるで対照的に――昂然と頭《こうべ》をもたげ、上体を得意満面の姿勢にすると、片方の握りこぶしを異様なほど無礼に腰にあてがい、尻を突きだし、奇跡的な僥倖のおかげで姿をあらわしたマルハナバチにたいしてランの花がするような媚《こび》をふくんだポーズをとってみせた。（プルースト 2015a: 28）

休憩用のベンチで、若い女同士が舌を絡めあい、幸せそうにしているのを見て、『失われた時を求めて』の別の箇所を思いだした。主人公は、恋人のアルベルチーヌが同性愛の傾向を持つことを察して、苦悩する。

アルベルチーヌの背後に見えるのは、もはや海の青い山脈ではなくモンジュヴァンの寝室で、アルベルチーヌはそこでヴァントゥイユ嬢の腕に抱かれ、官能の歓びから聞きなれない音を漏らしながら笑っているのだ。あのような嗜好をもつヴァントゥイユ嬢が、アルベルチーヌのようなきれいな女を相手にして、どうして自分の嗜好を充たしてほしいと頼まないはずがあろう？　その求めにアルベルチーヌは憤慨せず、同意したにちがいない。その証拠に、ふたりは仲違いもせず、それどころかますます親密になるばかりだったではないか。それにアルベルチーヌがロズモンドの肩に顎をのせ、にっこりと相手を見つめてその首筋にキスしたときのあの優雅な動作は、ヴァントゥイユ嬢を想い出させたものの、その動作を解釈するにあたっては、ある仕草が同様の線を描いたからといって必ずしも同じ嗜好から出たものとはかぎらないと躊躇したが、アルベルチーヌはその動作をほかでもないヴァントゥイユ嬢から学んだのではないか？（プルースト 2015b: 586-587）

日本では二〇一五年がＬＧＢＴＱ＋元年と言われる。この年に電通のダイバーシテイ・ラボが日本人の七・六％は性的少数者という調査結果を公表し、以後、社会のLGBTQ＋に対する認知は急速に進んだ。僕はこの時期以前に、ヨーロッパ文学史上のLGBTQ＋をテーマとした授業をやったことがあるけれど、授業に対して教え子たちから抗議を受けた。ゲイやレズビアンをテーマにするのは、セクハラではないのかというものだった。二〇一〇年代前半でも、そのような状況だった。

日本の先行きに関して、暗いことばかりが語られがちだけれど、二〇一五年以後のLGBTQ＋を取りまく状況の改善を考えると、まだ多くの困難があるとはいえ、僕は未来に希望を感じる。状況はすみやかに変化しつつある。そうして僕は、ロンドンで見た男同士や女同士の愛の交歓の光景を思いだす。

ただし、最後に冷徹な事実も書いておく。実際には僕は、性的な意味合いにおいて同志とも言える性的少数者とも、ほとんどの場合うまく会話ができない。不思議なことではない。LGBTQ＋であっても、その人たちの多くは定型発達者なのだ。相手に発達障害がない場合、僕の前には定型発達者と発達障害者のあいだに生まれるいつもの心理的なカーテンがひるがえり、回路が遮断されてしまう。回路が開かれるのは、その人が少数派として悩み苦しみ、それをなんとかしたいと必死にもがき、それが果たせないという現実に疲れて、鬱の傾向に苦しんでいるときだ。その鬱屈した心理を媒介してのみ、彼らと僕とのあいだに、同志間の回路が開かれる。

III

あなたのとなりで異界が開く

一九　新しい天使

ニューヨーク

パリを初めて訪れたとき、これ以上に興奮する街はないと確信した。だが、それと同じくらいに興奮したのが二〇〇〇年代に訪れたニューヨークだった。ニューヨーク、正確にはその中心にある区画マンハッタンだ。道路のあちこちに見える黄色いタクシーの姿が、いまでも脳裏に凄烈に浮かんでくる。一度も乗ったことはないけれど、想像のなかでは何度か乗ってみた。

五番街を歩き、ティファニーの店舗を確認した。トルーマン・カポーティ原作、オードリー・ヘプバーン主演の映画『ティファニーで朝食を』の「聖地巡礼」だ。近くの喫茶店で買ったサンドイッチを食べ、ホットコーヒーを飲みながら歩いた。周りを見ても、そんなことをしているのは僕だけだったから、周囲にとって、かなり失笑を誘う「おのぼりさん」だったのではないか。ティファニーは宝飾品の企業だが、数年前にこの店舗には実際に食事できる場所が開設されたらしい。いつか行けると良いなと思う。

超高層ビルをあちらこちらへと見物して回った。一九三〇年前後に世界一の高さを競った痩身の巨人たち。ウォール街に建てられたバンク・オブ・マンハッタン・トラスト・ビル。完成後すぐにクライスラービルに世界一の座を奪われた。クライスラービルも、すぐにエンパイアステートビルに世界一の座を奪われた。バンク・オブ・マンハッタン・トラスト・ビルは一九九〇年代に買収した人物の名で知られるようになり、現在ではトランプ・ビルと呼ばれている。買収したのは、のちにアメリカ大統領になった男だ。

タイムズスクエアの喧騒に揺さぶられた。ここは「ザ・センター・オブ・ザ・ユニヴァース」と呼ばれることがある。つまり「宇宙の中心」だ。その渾名が似合っている場所だと思う。電光看板や巨大ディスプレイが乱立し、世界各地の繁華街たちの王者とでも言うべき風格がある。長いあいだ風俗街で危険も多かったようだが、一九九〇年代から再開発が進められ、このような観光地になったとのこと。

そしてマンハッタン先端の小島にある自由の女神。アメリカをもっとも象徴する建造物だ。一八世紀、フランスは覇権をめぐって争うイギリスに対抗して、アメリカ独立を支援した。一九世紀になって南北戦争が起こり、アメリカは分裂したけれど、ふたたび統一することで決着すると、独立一〇〇周年を記念してフランスはこの女神像を建設し、アメリカに寄贈した。一度建設したあと、バラバラに解体して、ニューヨークに運び、ふたたび組みあげたそうだ。眼の前の実物を見あげながら、その建設現場を想像した。

ニューヨークは音の洪水だった。知らない土地を訪れると、おそらく誰でも体験の解像度があがり、音に敏感になるだろう。そしてもちろん、ニューヨークほどの大都会なら、音の犇《ひし》めきを感じるだろう。自閉スペクトラム症に付随する聴覚情報処理障害があると、それが通常よりも激しくなり、慣れにくいと思う。僕はそれをしばしばモダンジャズの音響空間になぞらえるが、それはひとつには、この状況をもっとも強烈に体験したのがニューヨークだったからだ。特に念頭に置いているのは、マイルス・デイヴィスの『カインド・オブ・ブルー』。「なんとなく憂鬱」というくらいの意味の盤名だが、そのイメージカラーは、もちろん「青」。レコードやCDのジャケットを見ても、黒と白に差しこんでくる青が美しい。

僕には注意欠如・多動症もあるから、聴覚情報処理障害の音響体験は増幅される。発達界隈で「脳内BGM」と呼ばれている現象に、いつもつきまとわれているのだ。注意欠如・多動症は、かつて不注意優勢型、多動・衝動性優勢型、混合型に分類されていて、僕は混合型、つまり不注意と多動および衝動性を揃えている。この場合、脳内多動と呼ばれる状況に置かれやすく、頭のなかではひっきりなしに複数の思考が走っている状態になる。その複数の思考の路線のあいだを、意識がつぎつぎに飛びうつるようにして、バラバラの思考がたえまなく現前してくるのだ。それらの思考のひとつは、なんらかの音楽であることが多い。それが脳内BGMとして、僕たちを翻弄する。聴覚情報処理障害を強く感じていると、僕の場合は脳内ＢＧＭもモダンジャズを連想するから、モダンジャズのことが多い。

ニューヨークでは、先に述べた五番街でのように、ものを食べながら歩きまわることが多かった。僕はこの悪癖に憑かれている。かつて日本では、食べながら歩くことが、現在よりも一般的だったと思う。おそらく昔もマナー違反だったと思うが、現在ではその規範が強まっている。以前は道端でのゴミのポイ捨てが普通の行為だったのに、現在の日本の多くの地域では、すでにそれが強いタブーになってしまったように、歩きながら食べることも自粛が求められるようになった。自閉スペクトラム症があると、そのような「ルール変更」への対応が、不得意な傾向がある。一方ではルールを遵守する規範性が強いために、それが変化すると「バグってしまう」のだ。そうして「ＫＹ」、つまり空気が読めない行動をする。僕は食べながら歩くのはマナー違反だという風潮の変化に、なかなか順応できなかった。ニューヨークを含めて、世界の大都市にはそれが明確にマナー違反になっていない街があり、そういう場所では、僕はとても生き生きしてくる。

ニューヨークでは、レコード店を楽しんで回った。ＣＤを買って、ドイツのジャズ、エチオピアのジャズ、トルコのジャズ、日本のジャズなどを聴いた。音楽趣味の中心にあるサイケデリック・ロックやアシッド・フォークのカセットテープも買った。レコードに続いて、カセットテープも音楽マニアのあいだで復権しはじめていた。ほんとうはレコードを買いたかったのだが、荷物がかさばるのは得策ではない。大きな新刊書店も小さな古本屋も回った。ニューヨークで本を買うのは快感だった。僕の脳内多動は深まるばかりだ。僕の頭のなかでは脳内BGMが鳴りつづける。

ニューヨークでほかのどこよりも強い印象を受けた場所は、ワールドトレードセンターだ。大学四年生のときに九・一一、つまりアメリカ同時多発テロ事件が起こった。当時の僕は大学院を受験する前後で、その世界史的大事件よりも自分に迫っている問題のほうがたいへんだと感じてしまう社会性のない若者だった。それでも、インターネットやテレビで見る映像はやはり衝撃的。私生活でもさまざまな問題を抱えていたから、僕は銀河の渦巻きに呑みこまれていくような気分になった。その渦巻きの中身が、ここだったのだ、と思った。新たに建てなおされつつあったワールドトレードセンターのビルを眺めながら、映像で見た事件直後の様子を想像のうちで重ねあわせた。ベンヤミンが「歴史の概念について」のなかで、パウル・クレーの絵画『新しい天使』に関連づけ、論じた文章を思いだした。

かれの眼は大きく見ひらかれていて、口はひらき、翼は拡げられている。歴史の天使はこのような様子であるに違いない。かれは顔を過去に向けている。ぼくらであれば事件の連鎖を眺めるところに、かれはただカタストローフのみを見る。そのカタストローフは、やすみなく廃墟の上に廃墟を積みかさねて、それをかれの鼻っさきへつきつけてくるのだ。たぶんかれはそこに滞留して、死者たちを目覚めさせ、破壊されたものを寄せあつめて組みたてたいのだろうが、しかし楽園から吹いてくる強風がかれの翼にはらまれるばかりか、その風のいきおいがはげしいので、かれはもう翼を閉じることができない。強風は天使を、かれが背中を向けている未来のほうへ、不可抗的に運んでゆく。その一方ではかれの眼前の廃墟の山が、天に届くばかりに高くなる。
(ベンヤミン 1994: 335-336)

時代の流れに逆らえず、未来へと飛ばされていく歴史の天使。天使の眼のまえで、廃墟の山が積みあがってゆく。その廃墟の山が僕にも透かし見えた。

ニューヨークと言えば、見どころのひとつがメトロポリタン美術館。クリムトの『メーダ・プリマヴェージの肖像』、ゴッホの麦わら帽子をかぶった自画像、ロイ・リキテンスタインの『ステッピング・アウト』などに心を惹かれたけれど、ニューヨーク近代美術館に対する感激が圧倒した。「ＭｏＭＡ」の愛称で知られるこの美術館で、ジャクソン・ポロックの『ワン・ナンバー31』、ゴッホの『星月夜』、ピカソの『アヴィニョンの娘たち』、マティスの『ダンス』、ウィレム・デ＝クーニングの『女I』などに魂をさらわれた。死ぬまえに、もう一度で良いから訪れたい美術館だ。グッゲンハイム美術館にも行き、そこではマルセル・デュシャンの『裸体、汽車の中の悲しげな青年』がいちばん好みだった。

ニューヨークに滞在中、アンディ・ウォーホルの作品や関連商品を見かけることが多く、僕のなかでこの美術家への興味が急激にふくらんだ。いても立ってもいられず、彼の出身地ピッツバーグに出かけ、アンディ・ウォーホル美術館を訪れた。それは、ひとことで言えば至福の場所だった。パリのピカソ美術館やアムステルダムのゴッホ美術館では、彼らの作品のごく一部しか見られないことに不満があったけれど、アンディ・ウォーホル美術館ではそのような不満を感じなかった。ウォーホルの多様な作品が展示されていて、息を呑まされた。ミュージアムショップでたくさんの商品を買った。美術に関して、若いころからゴッホとピカソに帰依してきたが、ウォーホルが新たに第三の神になった。

なぜウォーホルなのか。何よりもあの明快な色彩感覚が僕を強烈に揺さぶる。僕にとってはゴッホやピカソと同じくらいの訴求力だ。またウォーホルは性的少数者でゲイだった。醜形恐怖症、つまり自分の外見が実際以上に醜く見えてしまう精神疾患もあったという記事を読んだことがあり、それで、顔をサングラスで隠していたらしい。僕には、ニューヨークのイメージをもっとも体現する美術家だと感じられた。その脆弱性ゆえに、僕はウォーホルを心の友と感じているのだ。

　ウォーホルが出演する映像を見ていると、彼には自閉スペクトラム症があったのかもしれないと思うときがある。実際そのような研究もある。ゴッホには自閉スペクトラム症、ピカソには注意欠如・多動症が指摘されてきたから、この三者に自分と同じ匂いを感じとったのだと思う。そして、この三者が僕にとって最重要の美術家になったのは、僕が発達障害の診断を受けるまえだったから、知識でなく直感で「仲間」と感じるようになっていたわけだ。

　ニューヨークほど歩きに歩いた観光地もない。どこを歩いても興味を惹かれるから、地下鉄に乗るのがもったいないくらいだった。でも、その地下鉄も、僕はとても好きだった。

　あるとき歩き疲れて、夜に道端で少ししゃがんだことがあった。ふだんやらない振る舞いだが、そのくらいに足がだるくなってしまったのだ。すると、すぐ横の料理店から中国系の男性が出てきて、何か誤解されてしまったのか、彼は英語で「アメリカは怖いよ。これをどうぞ」と言って、僕に透明なフィルムにくるまれたサンドイッチを差しだしたのだ。僕はこんなことってあるものか、と口をあんぐり開けた。好意に答えようとして、立ちあがって入店し、夕食を注文した。もしかすると、そのような営業テクニックだったのかもしれないけれど、それにしては手が込んでいる。ほかのどの場所でも類似の体験をしたことがないから、純粋な慈悲から出た施しだったと解釈しておきたい。ニューヨーク滞在は、僕の人生にとってもっとも幸福なひとときだったと感じる。僕の人生は苦難の連続だったが、さまざまな希望も明滅していた。店内で海鮮料理を食べながら、アントン・チェーホフの『ワーニャ伯父さん』の終わりで、少女ソーニャが語るセリフを思いだした。

ね、ワーニャ伯父さん、生きていきましょうよ。長い、はてしないその日その日を、いつ明けるとも知れない夜また夜を、じっと生き通していきましょうね。運命がわたしたちにくだす試みを、辛抱づよく、じっとこらえて行きましょうね。今のうちも、やがて年をとってからも、片時も休まずに、人のために働きましょうね。そして、やがてその時が来たら、素直に死んで行きましょうね。あの世へ行ったら、どんなに私たちが苦しかったか、どんなに涙を流したか、どんなにつらい一生を送って来たか、それを残らず申上げましょうね。すると神さまは、まあ気の毒に、と思ってくださる。その時こそ伯父さん、ねえ伯父さん、あなたにも私にも、明るい、すばらしい、なんとも言えない生活がひらけて、まあ嬉しい！　と、思わず声をあげるのよ。そして現在の不仕合せな暮しを、なつかしく、ほほえましく振返って、私たち——ほっと息がつけるんだわ。わたし、ほんとにそう思うの、伯父さん。心底から、燃えるように、焼けつくように、私そう思うの。（チェーホフ 2004: 238-239）

繰りかえし述べるとおり、僕は宗教に抵抗感があるから、「神さま」の話を見たり聴いたりすると、僕の内部で「地獄行きのタイムマシン」が起動する。そのような僕でも、このソーニャのセリフの切実さには、心を打たれる。文学作品というものの美しさを、よく伝えていると思う。

僕がこれまでに訪れた都市で、また行きたいと感じるところはそれほど多くない。一度体験したから、もう満足だと感じることのほうが多い。だがニューヨークは違う。機会を見つけて、なんとかまたもう一度訪問してみたい。

二〇　星々　ロサンゼルス

ボストンを訪れて、アメリカのイメージが変わった。「ニューイングランドの首都」と呼ばれるだけあって、イギリスっぽさを感じたのだ。とはいえ当時、僕の英語力は乏しかったから、表面的な印象からだけそう感じていて、さまざまな誤解があるのかもしれない。いま行ったらどのように感じるだろうか。牡蠣の専門店で美食を楽しんだひと時は、僕の人生でこれ以上ないくらい充実した食事の時間だった。ピーナッツ味と形容される独特の牡蠣や、ウィスキーに浸かった香りの良い牡蠣にしゃぶりつき、ゆっくりと舌の上で転がした。いつか住んでみたいけれど、その夢がかなうことはなさそうだ。シカゴを訪れたときは、ニューヨークやロサンゼルスを訪れたとき以上に「アメリカっぽさ」を感じた。そのふたつの街ほど洗練されていないぶん、アメリカの標準的な都市の雰囲気を強く感じたのだと思う。北アメリカのいわゆる五大湖のひとつ、ミシガン湖の湖岸沿いを散策した数十分間は、鮮烈な記憶として頭に焼きついている。岸辺から陸地の側に見える、何本も天に向かって背伸びをしている摩天楼が夢幻的だった。シカゴと言えば、国立メキシコ博物館は欠かせない。カナダ国境に近いアメリカ北部の街に、アメリカの南に広がるメキシコの博物館があるのは、不思議な気がしたが、その展示物はじつに知的好奇心をくすぐるものだった。

だが、ボストンもシカゴも本項のテーマではない。ここで書きたいのはロサンゼルスについてだ。この街でまず驚いたのは、なんといってもその広大さ。車を運転できないと、この街は楽しめないのではないかと感じた。僕は運転免許を持っていない。徒歩で移動していても、自転車を漕いでいても、いろんなところにぶつかってしまう。自閉スペクトラム症による空間認知の薄弱さのせいか、発達性協調運動症による運動音痴のせいかわからないけれども、ぶつかるのが得意なのだ。自分の体の延長がわかりにくく、立体の奥行きも謎めいている。それで運転免許を取ろうという意欲がまるで湧かなかった。自分が危ない目に遭うのもいやだが、僕が起こす交通事故に他人を巻きこむのはもっといやだ。

ロサンゼルス市内を地下鉄で移動しながら、その広大さにもどかしい思いが強まった。延びひろがった都市空間に、見どころが点々と散っている。ダウンタウン地区では、官庁街にあたるシビックセンターをじろじろいろんな角度から観察した。白いニョッキリした建物が、青い空を背景に映えていた。ここでも僕の心は青に溶けてゆく。リトルトーキョーで日本食を食べてみたが、普通の日本的な味わいで、もっと怪しいものを期待していたから、残念だった。ロサンゼルス現代美術館に行きそこねたことは後悔している。ロサンゼルスを訪れたとき、現代美術に対する僕の熱狂はまだ始まっていなかった。ロサンゼルスやその近郊ではユニヴァーサル・スタジオ・ハリウッドやディズニーランド・リゾートが世界的な好評を博しているが、僕は小さいころから遊園地にそそられなかった。空間感覚が独特なせいで、乗り物に体力を奪われてしまう。回転木馬や遊具のティーカップに乗って揺れたり回ったりするだけでも疲れる。自分のこの特殊な事情を知らなかった小学生のころ、子どもだましのミニコースターに挑戦したことがあるが、乗車中、どれほど後悔しただろうか。あの程度のものでも、死ぬかと思われた。

それに遊園地で遊ぶということは、その時間に書物をめくったり、スマートフォンでインターネットを検索したりできなくなることを意味する。つまり勉強しない時間が生まれる。とても困る。僕は基本的につねに勉強していたいのだ。遊園地を体験して勉強になることもあるとは思うのだけど、いつも及び腰でいる。

デイミアン・チャゼル監督の『ラ・ラ・ランド』が公開されたときは、ロサンゼルスが懐かしくなった。ロサンゼルスに実際にいたときは、僕にとって最高の映画のひとつに入るデイヴィッド・リンチ監督の『マルホランド・ドライブ』をよく思いだした。アメリカの芸能人たちの名前を刻んだプレートが並ぶウォーク・オブ・フェイムを歩きながら、知ってる名前を見つけて喜んだ。こんなことで喜んでいるのだから、発達障害者にも「普通の人」、つまり定型発達者の感性が部分的には備わっていることは疑えない。

ロサンゼルスにいる僕は、マイケル・ジャクソン（以下、ＭＪ）を何度も思った。ＭＪはアメリカ中西部のインディアナ州の出身だが、小学生のときにロサンゼルスのハリウッドに引っ越してきて、それから生涯にわたってこの街を活動の拠点にしていた。

僕が小学生のとき、ＭＪは世界的なブームを起こしていた。彼のモノマネをすることを覚えて、クラスの人気者になることができた。苛められることが多かった僕の、華麗な転身だった。人生で初めての成功体験のひとつだ。成長後、彼の母が僕の母と同じカルト宗教を信仰していて、ＭＪは僕と同じ「宗教二世」なのだと――この言葉が生まれたのはもっと後の時代だが――知った。ＭＪは、児童虐待疑惑でしばしば裁判に巻きこまれた。一度も有罪判決を受けたことはないのに、世間は彼を黒に近いグレーだと考えていた。

ＭＪは、執拗に整形を繰りかえした。世界的なスーパースターになった時点で、すでにかなり整形していたのだが、そのあと歯止めが利かなくなった。原因は醜形恐怖症にあったと考えられている。全盛期の容貌との落差が、多くの人を失望させ、彼らはＭＪを見捨てた。ＭＪの肌はどんどん白くなっていった。死後、司法解剖によって尋常性白斑を患っていたこと、つまり後天的にアルビノ化していたことが明らかになった。生前から、彼はインタビューで「これは病気なんだ」と涙を流しながら語っていたが、世間は彼を嘘つきだと決めつけていた。

学校では苛めに遭い、家庭では肉体的暴力を振るわれていた僕は、子どものころからいわゆる「負け組意識」が強く、日本人好みとも言われる判官贔屓《びいき》に傾いていた。大学教員として働きだしてからも、僕は毎年一回は授業でMJの映像を流した。でも始めのころは、僕の教え子たちも、MJに否定的な印象を抱くことが多かったように思う。

授業では『ヒストリー』というDVDを再生して、ジャクソン5時代に所属していたレーベル、モータウンの二五周年記念番組に彼が出演した際の映像を見せる。「ビリー・ジーン」に合わせて、初めてムーンウォークを披露したときのものだ。彼は自分自身のプロデューサーでもあったこと、そしてこのときのパフォーマンスで全米のヒーローになったことを説明する。ついで「ビート・イット」の販促映像を見せる。古典的なミュージカルの伝統を復活させ、集団を巻きこむ演出を確立したことを説明する。「スリラー」はテレビ番組でMJの代名詞のように流されるから、新鮮さを与えないと判断し、上映しない。代わりに「スムーズ・クリミナル」の販促映像を見せ、フレッド・アステアの踊りやアメリカのエンターテイメント映画を取りこんだことを説明する。おそらくここに、MJが作った映像の頂点がある、と僕は指摘する。

だが、ここからが本番だ。「ブレイス・ユアセルフ」(覚悟せよ)という題名の、MJが世界各地でおこなったコンサートの映像をまとめた販促映像を見せる。使用されている音楽はMJの曲ではなく、ナチス時代にドイツの音楽家カール・オルフが作曲した『カルミナ・ブラーナ』の「おお、運命の女神よ」だ。MJが作成した映像は、ナチス宣伝のために作成されたレニ・リーフェンシュタールの映画『意志の勝利』へのオマージュになっている。僕は、MJが娯楽性の高い過去の映像センスを貪欲に取りこんできたこと、そしてそのなかにはナチスのプロパガンダ映画も含まれていることを説明する。ナチスがやっていたことが、ずっとのちの時代まで影響を残したこと、ナチス・ドイツを倒した国アメリカの娯楽にも影響を与えているのだ、と述べる。

ときには、ナチスのセンスを取りこんだ東アジアの芸能界の映像を見せることもある。たとえば韓国のアイドルグループ、PRITZや日本のアイドルグループ、欅坂46（現在は櫻坂46）によるナチス制服風のファッション。でも基本的には、ナチスの時代の文化史に関する話題へと収斂させてゆく。リーフェンシュタールの映画や、アルベルト・シュペーアの建築と都市計画。ヒトラーのヴァーグナーへの陶酔。ナチスによって焚書の対象になった作家や思想家たち、退廃芸術として排斥された芸術家たちのこと。

僕は自分の子ども時代のヒーロー、MJを起点にして、文化の問題について考察を促せることがうれしかった。若者たちをマスメディアが作った幻から解放したかった。大学教員として経歴を積みはじめた初期のころ、僕は教え子たちのあいだで「マイケル・ジャクソンをやたら推してくる先生」と論評された。僕は負け組として負け組たちのために戦っているつもりなのだった。「マイケル・ジャクソンがこんなにかっこいいとは知りませんでした」、「誤解していました」という感想が寄せられるようになった。でもMJが亡くなると、僕はこの授業をほとんどやらなくなった。マスメディアが「死者を鞭打つ」ことを控えるようになったからだ。

ロサンゼルスでは、ザ・ピーナッツの「銀色の道」、ザ・ゴールデン・カップスの「銀色のグラス」、森口博子の「銀色ドレス」などを何度も聴いた。なぜ「銀色」なのかも、MJに関係がある。「ビリー・ジーン」で、彼は黒いスーツを来て、胸元、手袋、靴下をスワロフスキーでびっしり飾って、銀色にきらめかせていた。まるで星々が合唱しているような銀色だ。いまの僕はMJの音楽性がそれほど高いとは思っていないけれど、彼のことを思うと、変わらず胸が熱くなる。

ロサンゼルスの地区に関する話が、マイコー（ファンによるMJの呼び名）に関する話題ばかりになってしまった。そのくらいこの街は僕のなかでMJに結びついているのだから、ご容赦いただきたい。ビバリーヒルズ地区では、椰子の木の街路樹をじっと見つめた。アメリカのテレビドラマに詳しいわけではないけれど、どこかの番組で見たことがあると感じる風景だ。高級住宅街を歩いてゆき、ビバリーヒルズ公共図書館を訪れた。英語の本を見てまわり、アメリカの図書館はなんてすばらしいのだろうかと有頂天になった。いろんな本をめくってみた。視聴覚コーナーに置いてあるＤＶＤにも、観たいものがたくさんあった。

ホテルに帰ると、浴びるようにワインを飲んだ。MJはソロとしてのキャリアの初期に頭に大火傷を負い、その痛みをやわらげるために鎮痛剤や睡眠薬の乱用に陥ったと言われる。幸いなことに、僕は身体的な大事故を経験したことがないものの、心には深甚な傷がたくさん刻まれているから、それをやわらげるために酒を飲む。以前は帰宅してから酔い潰れるまで六時間くらい飲むという生活に陥ってしまい、それを改善するためにアルコール依存の治療に通っていた。いまも酒は断っていないけれど、通院によって意識は変化し、飲む量は「たしなむ程度」へと格段に減った。

ロサンゼルスで酒を飲みながら、中世ペルシアの詩人オマル・ハイヤームの『ルバイヤート』のことを考えた。おそらくアメリカという土地が、その帝国主義と対立するイスラム世界のことを連想させたのだと思う。イスラム文化はすべての局面で酒と無縁だったわけではないことが、よくわかる。

歓楽もやがて思い出と消えようもの、
古き好《よしみ》をつなぐに足るは生《き》の酒のみだよ。
酒の器にかけた手をしっかりと離すまい、
お前が消えたって盃《さかずき》だけは残るよ！（ハイヤーム 1979: 25）

神のように宇宙が自由に出来たらよかったろうに、
そしたらこんな宇宙は砕きすてたろうに。
何でも心のままになる自由な宇宙を
別に新しくつくり出したろうに。（同：27）

すぐに宇宙に対して思いが向かうところは、僕の琴線に響く。諸行無常を感じさせる世界観は、日本人にもなじみやすいだろう。

一滴の水だったものは海に注ぐ。
一握の塵だったものは土にかえる。
この世に来てまた立ち去るお前の姿は
一匹の蠅——風とともに来て風とともに去る。（同：42）

迷いの門から正信まではただの一瞬《ひととき》、
懐疑の中から悟りに入るまでもただの一瞬。
かくも尊い一瞬をたのしくしよう、

命の実効《しるし》はわずかにこの一瞬。（同：89）

一瞬ごとの時間に対する思いの深さが僕の心を打つ。身体の虚無性の指摘が、僕の身体感覚にとって説得力あるものに感じられてくる。

めぐる宇宙は廃物となったわれらの体軀《からだ》、
ジェイホンの流れは人々の涙の跡、
地獄というのは甲斐もない悩みの火で、
極楽はこころよくすごした一瞬《ひととき》。（同：106）

ジェイホンの流れとは、中央アジアのアムダリヤ川を指す。もしかすると僕は、『ルバイヤート』以上に親近感を抱ける詩集を知らないかもしれない。

発達障害があると、嗜癖に囚われやすくなってしまう。つまり依存症を罹患しやすい。飲酒、過食、タバコ、ギャンブル、恋愛などに溺れている当事者は珍しくない。僕の場合、かつては買い物に依存したり、セックスに依存したりした時期もあったが、いまではこれらに距離を置くことができている。現在の中心的な問題は過食と飲酒だ。子どものころは、むしろ少食で偏食だった。自閉スペクトラム症があると、個々の味を強く感じる傾向が伴い、そうして食べているものを気持ち悪く感じやすくなる。給食の時間が終わって掃除が始まっても、いつも泣きながら嫌いな料理を食べていた。給食は食べられないもののほうが多かった。しかしあるとき無意識にリフレーミング（認知の再構成）をやって、「自分は何でも食べられるバキュームカーなのだ」と考えることにした。そうすると、ほんとうに何でも食べられるようになった。「何でも食べられる」とクラスメイトに豪語した結果、「じゃあ、やきそばに牛乳かけて食べて」とリクエストされ、困りはしたが、それも食べることができた。

偏食の克服は僕の人生で初めての成功体験のひとつだった。おそらくその喜びが大きく、僕は食べることに対して鷹揚になりすぎた。いまでもバキュームカーのように食べてしまう。他方、発達性協調運動症のために身体運動が苦手だから、なかなか体を動かさない。それで僕は軽度の肥満に悩んでいる。年齢があがり、四〇代になったから、そろそろ一念発起するべき時が来ている。かってとは逆に、「僕は断食芸人だ」とリフレーミングすることで、過食と縁を切りたいと思っているのだが、まだ本格的に自分を騙せていない。年齢を重ねて、騙されにくくなっているのかもしれない。

大学に入ったとき、学科の教員たちは合宿や飲み会で積極的に学生に酒を勧めていた。酔って飲めなくなると、酒に強い教員がそれを嘲《あざけ》ったり罵《ののし》ったりする。僕も恩師に強く勧められ、未成年のまま酒の道に入った。幸か不幸か、生まれつき酒に対する耐性が強いため、どれだけ飲んでも酔わないことに優越感を抱いてしまい、酒に溺れた。

日本では大麻は違法で、酒は合法だ。大麻が合法でないのは当たり前だと思うかもしれないし、酒が違法なんてイスラム社会のようだ、あるいはアメリカのかつての禁酒法の時代のようだと眉をひそめる人もいるだろう。でも依存症治療の観点から見ると、酒は大麻より危険なものだ。精神科医の斎藤環さんは『コロナ・アンビバレンスの憂鬱』で酒類はたまたま合法なだけ、と書いていたが、そのとおりだと思う。

すべては、まちがった道だった。その恩師は酒が飲めない人間をおそろしく軽蔑していたが、四〇歳を過ぎて健康診断で肝臓に不具合を指摘されると、潮が引くように酒に対する態度を改めた。僕も四〇歳を過ぎているから、できるだけ早くに酒と縁を切りたい。

美容整形に依存していたＭＪを思う。彼もさまざまな心理的圧迫から、そのような依存にはまっていたのだろう。ＭＪは注意欠如・多動症者だったと考える人もいるのだが、そういう感じもするようなしないようなという感じ。僕にはよくわからない。いずれにせよ、僕は彼をひそやかに「同志」と思いつづけている。

二一　黄金とエメラルド

バンコク

タイを初めて訪れたのは二〇代の終わりだった。そのころの恋人は東南アジアが好きで、シンガポール、マレーシア、インドネシア、ブルネイ、フィリピン、タイなどに女友だちと旅行していた。タイがとても良かったので一緒に行こうという話になったのだ。

ドイツ文学を中心としてヨーロッパの文学、文化、思想などについて学び、西洋文化の核心にあるものを理解しようと苦闘していた僕には、東南アジアはほとんど興味を持てない場所だった。それでも、金子光晴の旅行記『マレー蘭印紀行』に惹かれていた。鬱蒼としたマングローヴの森が、熱帯の水に浸かっている様子が描写されていて、僕の心も水の青さに染まったのだ。老人になって西洋文化はもう勘弁と思えるようになったら、アジアのさまざまな場所を旅してみるのも良さそうだな、くらいに思っていた。

バンコクに到着すると、空は僕が全人生で見たなかでも、あれ以上のものはなかったというほどの曇天模様だったので、タイのイメージはまず「曇り」だった。その後、この国の快晴の美しさを理解するようになったが、このときは八月で大雨が降る直前だったのだ。ホテルにつくまえから雨がぱらぱらと落ちてきて、その日から翌日にかけて土砂降りになった。僕は部屋のなかから雨の音を聞いて楽しんでいたが、いてもたってもいられなくなり、傘も雨具もないのに、あえてコンビニに買い出しに出かけて、雨に濡れて楽しんだ。何度も書くけれど、雨に濡れるのがとても好きだ。水に特別な思い入れがあることに合わせて、子どものころに見た宮崎駿監督の『となりのトトロ』の影響もあるかもしれない。土砂降りのなかで、超常的な怪異と優しい仕方で接触できるかもしれないという夢想。キューバの作家、レイナルド・アレナスが、自伝『夜になるまえに』で、子どもの頃に土砂降りをこよなく愛していたと書いているのを読んだとき、僕はこの作家にかぎりない親しみを感じた。

小さいころ楽しみだったいちばん途方もない出来事と言えば、空がもたらしてくれたものじゃないだろうか。あれは並のにわか雨じゃなかった。熱帯の春のにわか雨で、すさまじい轟音がその到来を告げた。雷鳴はまるで宇宙のオーケストラが立てるかのように野原中に鳴り響き、稲妻は狂ったような線を引き、ヤシの木は突然雷に打たれ、マッチのように燃えて焦げた。するとすぐに雨がやってきて木々の上をまるで大部隊のように歩く。トタン屋根の通路では雨が銃撃のように響きわたり、居間のシュロの屋根からは大勢の人間がぼくの頭上を歩いていくような音が聞こえてくる。雨樋では雨が氾濫した小川みたいにざわめきながら流れ、滝のような轟音とともに水がめに落ちていった。中庭の木々を打つ雨はいちばん上の葉から地面までいろんな音域の音をガンガン鳴らす太鼓のコンサートとなる。芳しい響きだった。〔…〕雨が水の上に落ちていくのを眺め、空を見上げ、にわか雨の到来を同じように祝っている緑のケレテスの群れを見た。草むらでころがりまわるだけでなく、立ち上がってその鳥たちみたいににわか雨の中をひとりで飛びたかった。川まで行くと、川は抑えられない暴力の魅力に憑かれてとどろいていた。氾濫するその川の力はたいていのものを押し流し、木々や岩、動物、家を運び去っていった。それは破壊の、そしてまた、生の法則の神秘だった。(アレナス 2001: 40-41)

ここでアレナスが描写している雨の様子ほど、僕がこの天候現象に対して覚える感動を伝えてくれるものはない。世の中に雨による災害がさまざまにあることは知っているし、僕が雨を好むのは、そのような災害による不幸に巻きこまれたことがないからだとは思う。しかし雨が降るたびに僕の心は踊りだしてしまう。いまは立派な(とは言えないけれど)おとなになっているから、土砂降りのときにはさすがに傘をさすものの、小降りならいつも濡れて楽しんでいる。梅雨になると、ずぶ濡れになりつつ雨を全身で享受する日を設ける。そうして僕は生まれ変わることなくしてシダ植物に変化するのを夢想する。バンコクでも僕はぶじにシダ植物に変貌した。

自閉スペクトラム症があると、特別に限定された分野への関心が高まる。小学校時代の僕は、厄介な名称や数値を暗記することに夢中になった。この方面の才能は僕には豊かとは言えず、ものすごく長いものを覚えることはできなかったのだが、いくつかはいまでも覚えている。たとえば円周率は3.14159265358979323846264338327950と小数点以下三二桁まで覚えている。小学生のときは一〇〇桁まで暗記した。ピカソの本名も覚えた。いまインターネットで調べると、出生届に記された名前と洗礼名とのあいだに異同があるようだが、僕が覚えたのは、パブロ・ディエゴ・ホセ・フランシスコ・デ・パウラ・フアン・ネポムセノ・マリア・デ・ロス・レメディオス・クリスピニアーノ・デ・ラ・サンティシマ・トリニダッド・ルイス・イ・ピカソというもの。

スリランカの首都の名、スリ・ジャヤワルダナプラ・コッテを興奮しながら覚えた僕は、タイの首都バンコクの正式名称を覚えることにした。クルンテープ・マハーナコーン・アモーンラッタナコーシン・マヒンタラーユッタヤー・マハーディロック・ポップ・ノッパラット・ラーチャタニーブリーロム・ウドムラーチャニウェートマハーサターン・アモーンピマーン・アワターンサティット・サッカタッティヤウィサヌカムプラシット。そのとき意味までは暗記しなかったが、いまタイ国政府観光庁のウェブサイトを確認してみると、「天使の都　雄大な都城　帝釈天の不壊の宝玉　帝釈天の戦争なき平和な都　偉大にして最高の土地　九種の宝玉の如き心楽しき都　数々の大王宮に富み神が権化して住みたもう　帝釈天が建築神ヴィシュカルマをして造り終えられし都」という意味らしい。

バンコクを訪れたときは、現地でふだん口にされる首都名「クルンテープ」が「天使の都」という意味だということくらいは知っていた。王宮の敷地内にある寺院ワット・プラケオはエメラルド寺院という別名を持つ。ハウス食品のスナック菓子「とんがりコーン」のような形をした黄金の仏塔の印象が強烈すぎて、「どこがエメラルドなのか？」と僕は首をかしげた。黄金の仏塔は子どものころに指先を怪我したときのことも連想させた。絆創膏を巻くのだが、指先に巻くので、形がとんがりコーンの形状になってしまう。それが、恐竜化した黄金のタケノコのように聳《そび》えたっている。

本堂に入り、安置されている仏像を見て、名称の謎が解けた。安置されている、この国でもっとも重要とみなされている仏像は、実際には翡翠《ひすい》でできているそうだが、半透明の緑色だから、エメラルド製かのように錯覚させるのだ。僕の恋人は仏教系の女子校出身だったので、この仏像をとてもありがたがっていたが、宗教に対して複雑な思いのある僕は、どのように受けとめるべきか悩ましかった。僕の心はなるべく何も感じないように防御の姿勢を固めた。

発達障害者は、よくアレキシサイミアにかかっている。アレキシサイミアは「失感情症」と訳されることが多いが、具体的な疾患というよりは、心に傷を負った経験が多いために、心の機能が麻痺してしまう現象で、各種のパーソナリティ障害や複雑性ＰＴＳＤなどにもよく付随する。心理的に傷つけられる体験が多すぎたために、ふだんから心は守備の構えを取りつづけるようになる。いつのまにかその防御姿勢が常態化し、無意識化して、自分でも意識的に解除することが難しくなる。そこで、自分が何を感じているのかわからないままに日常生活を送ることになる。何かを体験しても、それを心理機構が分解し、吸収するのに時間差が発生するのだ。遅れて、あのときの自分はあのような気持ちだったのか、と思いいたるようになる。

僕にもこのアレキシサイミアが粘着力抜群に装備されている。ふだんから自動的に発動しているのだが、ときには意識的にその機能を高めることもある。何も感じないように、無になるように心がけるのだ。心のスイッチを切る。もちろん、そのようなことは発達障害がなくても誰にでもできることだとは思うが、ふだんから心のスイッチが切れていることが多いため、僕の場合にはそれがもっと強い効力をあげている可能性がある。コンピューターゲームのファンがよく使う「バフ」のようなものだ。バフとは、一時的に能力が高まることを意味する。あるいは逆の「デバフ」か。むしろ一時的に能力が低まっていると言ったほうが適切だからだ。おそらく僕が自分を透明だとか解体していっていると感じやすい理由に、このバフないしデバフの問題が関係しているだろう。

バンコクではもちろんワット・ポー（臥佛寺）も見た。仏像としては、エメラルド仏よりも、むしろこの寺院の寝釈迦像のほうがインパクトが大きい。黄金の巨大な仏が肘をついてごろんと寝転がっている。その顔つきはギャグマンガ家が描いたかのような具合で、シュールレアリスティックな迫力があった。京都の三十三間堂にある膨大な数の黄金の仏像や、奈良の東大寺盧舎那仏《るしゃなぶつ》像、いわゆる大仏を合体させて、さらに不可思議にしたような印象を与える。

バンコクには恐ろしいくらい多くのモール街がある。サイアム・パラゴン、セントラル・ワールド、ＭＢＫセンターなどを訪れたけれど、それらの豪華さと、そうしたモール街の近くの路上で物乞いをしている人々との落差は強烈に心に残った。また道ゆく人々が、道端の小さな寺院を見かけるや、ぴたっと立ちどまって、肘を横に張って両手を合わせて、ゆっくりと深いお辞儀をする様子も印象的だった。日本人も謙虚だと言われるが、タイ人の謙虚さは日本人をずっと上回っているのではないか。もっとも、僕はタイ語を理解できないし、タイの文化について詳しく理解しているわけではないから、さまざまなことを誤解してしまっている可能性も否定できない。

モール街では書店に行き英語の本を買った。外国人がよく訪れる場所のため、英語の本が豊富に売られているのだ。ルイス・キャロルの『不思議の国のアリス』、ジョゼフ・

コンラッドの『闇の奥』、アイザック・アシモフの『ファウンデーション』のペーパーバックを買い、ホテルでめくった。通読するのではなく、かつて日本語で読んで気に入っていた箇所を見つけて、その部分だけ原語で読んで満足を覚えるのが僕の流儀だ。でも東南アジアの街で英米文学を読むことには、なんとなく植民地主義的なうしろめたさがあった。文学も政治的な状況と深く結びついている。このような場所で英語の本が売られ、日本人の僕がそれを買って楽しんでいること自体が政治的にいびつな気がした。

僕たちは世界中からバックパッカーが集まるカオサン通りに向かった。僕はモーラムのカセットテープを売っている行商のもとに走り、買いあさった。モーラムとは、タイ東北部のイーサーンや隣国のラオスの伝統音楽で、民族音楽を愛好する人々のあいだでも好んで聴かれる。僕はマニアックな国のサイケデリック・ロック（辺境サイケと呼ばれる）への偏愛が進んで、民族音楽のマニアにもなっていたから、モーラムのカセットテープが売られている店は宝の山に見えた。CDでなくカセットテープで売られていたのも、レトロなものを愛する僕の琴線に響いた。僕の恋人は、一貫して興味がなさそうな様子だった。

そのころの僕は性的な関係に依存する傾向が強かった。発達障害者は性的に奔放になる人が珍しくない。平均的なコミュニケーションが難しいのに、なぜそうなるのかと不思議がられそうだけど、答えは簡単。通常の言語コミュニケーションが不得意だからこそ、体の関係でなしくずしに人間関係をつなぎとめようとしてしまうのだ。僕はバンコクを一緒に訪れた恋人のことをまったく愛してはいなかったものの、愛していると思おうとしていた。また僕をかつて洗脳したカルト宗教は、性的に潔癖であることを厳しく求めていたから、僕はいつも性の問題に関する忌避感に悩まされていた。そのため、博識なのにいろんなことに疎《うと》く、たとえばバンコクが売春ツアーで有名なことも長いあいだ知らずにいた。

僕が二〇代のころを振りかえると、学部時代に読んだJ・D・サリンジャーの短編小説「バナナフィッシュ日和」のことを思いだす。僕はそれを授業中に英語で読んだが、以下に、当時はまだ刊行されていなかった訳で引用してみよう。どことなくサリンジャー自身を思わせる主人公の青年は、海でシビルという名の少女をあやしている。美しい青い海の情景が僕を揺さぶる。


二人で水中を歩いていって、水がシビルの腰の高さまで来た。若い男は彼女を抱き上げて、浮輪の上に腹ばいになるように下ろした。

「君、水泳帽とかかぶらないの？」と彼は訊いた。

「離しちゃ駄目よ」とシビルは命じた。「ちゃんと押さえててよ」

「ミス・カーペンター。お言葉ですが。手前、己の役割につきましてはしかとわきまえております」と若い男は言った。「君はとにかく目を開けて、バナナフィッシュがいないか見張っていてくれたまえ。今日は絶好のバナナフィッシュ日和だからね」「一匹もいないよ」とシビルは言った。

「無理ないさ。奴らの習慣はものすごく変わってるからね。ものすごく」。彼はなおも浮輪を押した。水は彼の胸にも達していない。「奴らは実に悲劇的な生涯を送る」と彼は言った。「知ってるかいシビル、奴らがどういうことするか？」

シビルは首を横に振った。

「奴らはね、バナナがたくさん入ってる穴のなかに泳いでいくのさ。入ってくときはごく普通の見かけの魚なんだ。けどいったん入ると、もう豚みたいにふるまう。バナナの穴に入って、七十八本バナナを食べたバナナフィッシュを僕は知ってるよ」。彼は浮輪とその乗客を水平線に三十センチ近づけた。（サリンジャー 2009: 29 強調は省略）

主人公の青年はシビルと別れ、ホテルの部屋に戻って拳銃を取りだし、妻が寝ている隣で、彼女を見つめながら、こめかみに銃弾を撃ちこんで自殺する。二〇代終わりごろの僕は、この主人公が海と少女に象徴される無垢なものと戯れ、自殺への衝動によって人生を終わらせるさまを、自分の将来に起こりうることとして受けとめた。僕はいま四〇歳を過ぎているが、いまでも自分が、その青年時代の僕と本質的には変わっていないと感じる。

二二　未来都市のレトロ体験　上海

　上海で圧倒されたのは、旧市街の伝統的な中国の古色蒼然としたアジア感、フランス租界に代表されるレトロ・モダンなたたずまい、新都心にあたる浦東新区《プードン》の未来感の混淆ぶりだ。

　郊外に行けば、近代化以前の東アジアの伝統社会に思いを馳せることができる。一方、外灘《ワイタン》地区では、二〇世紀初頭に続々と建てられた白灰色の角ばった風格ある建物をたくさん見た。居留地というつながりから、神戸を連想させられる。そして浦東では高層建築群に眼が釘付けになる。事前の予想どおり僕は、巨大な宇宙ロケットを思わせる東方明珠電視塔に惹きつけられた。ベルリンのテレビ塔を連想してしまう形状。共産主義的な宇宙幻想の実体化。紅色と銀色が美しく組みあわさったそのロケット型を眺めながら、僕の頭のなかには、ルートヴィヒ・ファン・ベートーヴェンの劇付随音楽『エグモント』の序曲がヘルベルト・フォン・カラヤンの指揮、ベルリン・フィルハーモニー管弦楽団の演奏で流れた。ハイデガーといい、カラヤンといい、ナチスの信奉者だった彼らを自分が好むことに、僕はいつもうしろめたさを感じている。

僕は上海の大学生から中国語を習っていた。ふたりの女子学生が京都に短期留学してきたことがあったから、僕は京都のあちこちを案内して、自分の中国語を鍛えようとした。彼女たちは日本学専攻で、彼女たちの日本語のほうが僕の中国語よりずっと優れていたから、会話は次第に日本語ばかりになっていった。三人で会話した。

「誠さんの日本語は、誰よりもわかりやすいです。どうしてでしょう？」

「私も不思議に思っていました」

「たぶん僕が外国語の専門家だからだと思います。どういうふうに話したら、外国人に理解されやすいか、いつも考えながらしゃべっています」

「そうなんですね。そうかもしれないと思っていました」

「でも外国語の専門家でもわかりにくい人がいますよ」

「う〜ん。僕は自分が母語も外国語も得意ではないと感じています。だからシンプルな表現を好みます。外国人が僕にシンプルな表現で話してほしいし、書いてほしいと思っています。僕は同じことを外国人にしています。シンプルに話して、シンプルに書く」

「なるほど」

「そうなんですね」

彼女たちは上海の大学の日本語学科で、日本語と日本文化について学んでいて、将来は日本との貿易に関わる中国の会社で働きたいと言っていた。普通の女子学生だった彼女たちだけれど、いつも金色のアクセサリーを好んで装着するところが、とても中国の女性らしかった。

ふたりを自宅に呼んで、焼肉パーティーをしたときに、僕はカルビばかりたくさんふるまった。カルビがいちばんおいしいと思っていて、彼女たちもそれを喜ぶと思ったからだ。彼女たちの片方は、あからさまに苛々とした様子を見せて、「どうしてほかの肉はないんですか！」と不満を述べた。気に入ったものばかり延々と食べつづける傾向のある僕は、日本人から見ても奇異に映るはずだが、中国人の彼女たちにはなおさら奇妙に見えてしまったようだ。というのも、中国では客をもてなす際、食べ物の種類をなるべく多く準備することで、歓待の意を表明するからだ。そのときの僕は、その事実をまだ知らなかった。

彼女たちは、さらに僕に言った。

「誠さんはかっこいいと思います」

「私も同意見です」

「いや、そんなことはありません。そんなことを言う日本人はいません」

「私たちはふたりでそう言っています。誠さんはかっこいいって」

「だから私たちは不思議なんです」

「何が不思議なんでしょう?」

「誠さんはいつも何かに不満そうです。なぜですか」

「私たちに不満があるなら、言ってください」

「いや、そういうわけではないんです」

彼女たちが僕を「かっこいい」と言ったのは、僕を傷つけずに、僕の態度に異議を唱えるためだった。つまり僕はいつも憮然としていたのだ。少なくとも、彼女たちにはそう見えた。

言い訳めいてしまうけれど、自閉スペクトラム症があると、環境からの影響を強く感じすぎる。だから僕はふだんから、苦悶に満ちた表情を浮かべている。脳が動きすぎるため、ほとんどいつも疲労を溜めこんでいる。それが僕の不満げな顔つきを生んでいるのだろう。体だってうまく動いてくれない。逆に言えば、そんな僕だからこそ、少し歩くだけで鬱屈から解放されて、満面の笑みを浮かべてしまうのだ。

いまならこれらの事情を知っているけれど、長いあいだ僕にとって僕自身が大きな謎だった。鏡でぱっと僕の顔を見ると、実際、全宇宙に対して嫌悪感を表明している顔つきをしている。カール・テオドア・ドライヤー監督の映画『裁かる、ジャンヌ』でヒロインが浮かべる疲弊しつくし、精神の抜け殻になったかのようなあの表情を連想してしまう。

しばらくして、今度は僕が上海に行く機会を得た。国際学会でドイツ語の発表をするのが目的だった。発表テーマはグリム童話の「茨姫」。この発表テーマを選んだのは、そこでドイツと中国を結びつけることができたからだ。

一般にグリム童話と呼ばれるものは、正確にはグリム兄弟が収集したドイツの昔話のことだ。「茨姫」もそれらの昔話の一編として採取された。呪いのせいで一〇〇年のあいだ眠りこんだ一五歳の姫のもとに、城を囲む茨の森を抜けた運命の王子がやってきて、口づけで目ざめさせ、結婚する。いわゆる「眠れる森の美女」のドイツ語版が、「茨姫」なのだ。

グリム兄弟はこの昔話が、自分たちの祖先、ゲルマン人の神話に由来すると考えた。女神ブリュンヒルデが父にあたる主神オーディンから罰を受け、眠りの茨によって眠らされ、盾の垣根によって封印された城に横たえられ、城は天まで届く光に包まれる。龍退治を果たした英雄シグルズがこの城にやってきて、垣根を突破し、女神を眠りから解きはなつと、ふたりは愛しあうようになる。グリム兄弟がこの神話が「茨姫」のもとになったと考えたのも、無理はないと思う。

でも現在では、この「茨姫」とブリュンヒルデとシグルズの神話は、少なくとも直接的にはつながっていないことが判明している。グリム兄弟は「茨姫」を含めた昔話をドイツの田園地帯で、おもに老婆たちから収集したかのように装っていたが、実際には同年代の若い女性たちから収集していたものが多かった。しかも彼女たちは、しばしばフランス系のドイツ人だった。グリム兄弟は「茨姫」がフランスの昔話だと気づきながら、ドイツの昔話だと主張した。そしてのちの時代に、「茨姫」の起源となる昔話や物語が、フランスなどのロマンス語圏につぎつぎと見つかり、逆にドイツなどのゲルマン語圏からはほとんど見つからなかったのだ。「茨姫」はドイツ的でもゲルマン的でもないということが明らかになった。

という事情が、「茨姫」の起源をめぐる定説として数十年にわたって知られてきたのだが、二〇一〇年代になって、ロシアの研究者が九世紀の中国に「茨姫」の起源と見られる物語を発見した。僕はこの女性の研究者と連絡を取り、かつ、その中国版の「茨姫」が日本に伝播した過程を調査し、論文で報告した。日本人は明治時代以降に、ヨーロッパの昔話をつうじて「茨姫」に親しんできたと思われていたけれど、その中国版をすでに江戸時代から知っていたことがわかった。僕はこれらの事情を中国で開かれた国際独文学会で話したのだ。ドイツ語圏から来た研究者たちには、「茨姫」を純粋にドイツの昔話だったと思っている人も珍しくなく、びっくり仰天していた。他方、中国人の研究者たちは、ドイツの昔話が中国起源の可能性があると聞いて、興奮しきりのようだった。

発表がうまくいったことに安心して、僕の中国語教師たちと再会するために上海の旧市街、豫園《ユイーユエン》に行った。料亭で僕は言った。

「正直に言うと中国の料理にあまり食欲をそそられません」

「それは日本で中華料理を食べたからだと思います。日本の中華料理はほんとうの中国の料理とは違います」

「はい。でも台湾に行ったときも伝統的な料理は不得意でした。夜市で食べたジャンクフードはおいしかったのですが」

「誠さんは相変わらず不満が多いですね。この上海蟹はおいしいですよ」

「上海蟹は食べたことがありますか」

「ありません。たしかに、おいしそうなかたちをしていますね」

「かたちだけがおいしそうなわけではないですよ」

「どうですか、おいしいですか」

「上海蟹の味がします」

「上海蟹ですから」

「上海蟹です」

ひとりでいるときは、コンビニ弁当をよく食べた。ジャンクフードやファストフードが好きな僕なのだ。だが、中年になった僕は、コンビニ弁当をうまく食べられない。いまのマンションに住むようになってから、週に一度ホームヘルパーに来てもらって、家事を手伝ってもらっている。その担当者Aさんの前職は調理師で、僕のためにすばらしい料理を作ってくれる。たっぷりと作り置きをしてもらって、何食もそれを食べつづける。それを楽しんでいるうちに、コンビニ弁当のひどい味に耐えられなくなったのだ。

上海の最後の二、三日は学会で興味のある発表を聞きつつ、空いた時間にひとりで昔ながらの街並みの残る地帯を散歩した。

僕の魂を直撃したのは上海文廟だった。文廟とは、孔子を祀った儒教の廟のことで、なぜこの場所が特別なのかというと、古書市が開催されているのだ。その情報を事前に得ていて、早朝から古本やレトログッズを漁った。世の中でオタク、マニア、コレクターなどと言われる人は、多くの場合、自閉スペクトラム症の特性が強い人だ。僕の人生は具体的なモノであれ、情報や経験といった無形のモノであれ、何かを集めることに彩られてきた。そのトリガーが、数年ぶりに起動した。

特に惹かれたものに、中国の映画やテレビ番組を紹介した昔の雑誌類がある。数十年前の中国本土の芸能界に想いを馳せたことがなかった僕には、きわめて新鮮だった。連環画と呼ばれる手のひらサイズの絵物語、中国版のマンガにも飛びついた。『ドラえもん』など日本アニメや『白雪姫』などディズニーアニメーションを無許諾でマンガにしたパチモン商品を掘りだした。共産党のプロパガンダ・マンガにもおもしろいものがあった。雑貨や小道具なども、心に響くものがあると購入した。僕は過集中に入り、ゾーンを体験した。

朝から夕方までそうやっていたが、そのあいだずっと小雨が降っていた。ビニールシートで屋根を作り、商品を守っている業者もいる一方で、濡れっぱなしにしている野放図な業者もいた。濡れた商品でも、興味深いと判断したら買った。雨を好む僕のゾーンはますます濃度を増した。僕は雨であり、雨を含んだ大気であり、雨を降らしている天空であり、水の星としての地球でもあった。僕と地球とがシンクロし、あらゆるものが宇宙にくるまれていた。中国語を駆使して業者と会話し、買うべきかどうかを判断するために、本をめくって活字を読んでいた。でも僕の中国語能力は不充分きわまりない。そのときの自分を包んでいた言語空間は、アイルランドの作家、ジェイムズ・ジョイスの『フィネガンズ・ウェイク』さながらの支離滅裂さだったかもしれない。

まず彼女がファルはらっと髪を解《と》くと、それは足もとへ下流《かりゅう》しテ美緒《ビオ》ット渦巻をつくったの。それから母裸《ははら》しく、乳白柄《にゅうはくガラ》の水と芳《ほう》しい湯ばりの泥を、上《かみ》から下内《しもない》へ、冠から足の裏まで散布《サンプ》したわ。つぎに竜骨の溝《みぞ》をぬるぬるに、疣揖保《いぼいぼ》や擦り傷や小《こ》黒《ぐろ》や痒みへ汚れどめバタースコッチとテレ芝油《しばゆ》と大蛇《おおさ》尾《び》香《こう》をぬりつけてから、腐葉土でまあるい潤井《うるい》の目の島と蒲萄色《ぶどういろ》の乳首の島からおへそまで五ヶ瀬、隈なくまるめろくめぐったわけ。金流《きんりゅう》の波介《はげ》た蠟細工のどろどろ腹《ばら》と香《かおり》ゆたかな鰻色の肌。そのあと彼女は髪に飾る花輪を編んだの。それを撚《よ》ってさ。それを組んでさ。牧草に川菖蒲《かわしょうぶ》、藺草《いぐさ》に水草、しだれ柳の嘆きの落葉なんかでね。それから手首飾りと踝《くるぶし》飾りと腕飾りと、それに首飾りにする漆黒のお護りをこしらえたわ、ごちゃごちゃ碁石、あちゃこちゃ浅瀬石、落石玉石狩集《おちいしたまいしかりあつ》め、ライン石から砥石まで、愛蘭《アイラン》の大石から片貝《かたかい》おはじき石まで、かちゃがちゃいわせて。それがすむと、浮気っぽい目もとに煤の隅田《すみだ》を描いて、まったく総粧《そうしょう》アナミズオドロー・ドロンコヴィッチ・パフローヴァだよ、そして波打《よ》つ唇にくちゅびるクリーム、頬骨にはストロベリーレッドから破廉紫《はれんし》まで化粧箱の選りすぐりをつけて、そうして溢《アフ》レンス閣下のもとへ房女中《ぼうじょちゅう》を遣《や》ったもんだ、大谷チェリーに真名《まな》サクラーっていうふたりの従姉妹《いとこ》の桜《さくら》ん嬢《じょう》をね、漏れかけ溝《みぞ》むずの奥様が汚《よご》しく申しておりました、ちょいと小用《こよう》のために外出のご許可を、ですってさ。（ジョイス 2004: 384-385）

何かを集め、それを並べていると、心が落ちついていき、平安に包まれる。自閉スペクトラム症があると自我が、発達性協調運動症があると体が不安定になる。注意欠如・多動症があると、さまざまなものに注意を奪われやすく、マインドワンダリングに陥る。

そうして僕は分解されてゆく。幸せに溶けてゆくのならいいが、バラバラにされて苦しくなることも多い。そのときには何かを集め、並べることで、分解過程を食いとめられる。

上海から帰ってきたあと、僕は日本でもっとこのようなことを楽しみたいと思った。中学生のときから数年間、古本屋を回ることに夢中だった。だがその後、インターネットが普及していくうちに、古本屋を無上の娯楽の場とすることは魅力的ではなくなった。インターネットで検索すれば、欲しいものがすぐに見つかる時代がやってきていた。しかも僕はプロの研究者になるための訓練を重ねていたから、ごく限られた範囲の専門書と、稠密《ちゅうみつ》な精神的対話を交わす毎日を送るようになっていった。一般的な名著や話題書を広く読みあさり、それらに惑溺する、良きアマチュアリズムとも言うべきものに裏打ちされた読書生活への関心が、絶えてしまった。

僕は上海で古書に数年ぶりで狂奔した体験から、書物の収集に対する情熱をふたたび甦らせた。古本屋を回って、珍しい本に眼を走らせる。それは狩猟と言える。思いがけない場所で、思いがけない標的と会敵《かいてき》し、さっと相手の命を奪うようにして値段を確かめ、納得できれば購入する。仕留めた獲物をレジに持っていくと、おもしろい店ならば、主人はニヤッと笑って、こんな通《つう》なものを買ってくれるなんて、お客さん眼が肥えていますな、という態度を必ず見せてくれる。どれほどひそやかにでも、そういう態度が現れる。自分の狩猟能力が称賛され、満足感に浸ることができる。ただし主人はプロだから、本質的にしろうとの僕よりも何重にも厚い知識を蓄えている。僕は主人に話題を振って、自分の嗜好を満足させてくれそうな未知の書物に関する情報を仕入れ、次回の狩猟に備える。

書物だけでなかった。上海で集めた本は、日本人の僕にとってきわめて異質だったから、僕が信じる書物の範疇になかなかすっぽりと収まってくれなかった。中国語の書物は、上海の時空が混淆した風景とあいまって、僕に眠る異界への扉をこじあけた。日本にもじつは僕が知らない、異質な古層が埋もれているのではないかという予感を生んだのだ。実際、骨董屋やガラクタ業者を、若いころからなんとなく気がかりにしながらも、彼らの店で古ぼけた雑貨や小道具も集めようと試みたことが一度もなかった。それはものすごく深い「沼」だということは、容易に想像できた。けれども、そこに踏みださなければ人生にとって重大な損失ではないかと思われてきた。僕が知らないモノを使っていた過去の人々の生活に接近し、読書だけでは獲得できない世界を確保するならば、それは人生の新しい局面を開くのではないか、と僕は考えた。

上海から京都に帰る前日の夕方、僕は南京西路をどこまでも東に進んでみようと思った。実際、どこまでも歩いていった。その先にある南京東路もズンズン東に進んでみようと思った。実際、ズンズンと進んだ。やがて、ふたたび外灘に到着し、巨大ロケットのような東方明珠電視塔を見上げてうっとりした。

上海の街はおもしろい。今後も急速に変貌していくことが予感される。僕がもはや生きていないはずの二二世紀にはどうなっているのだろうか。そんなことを考えながら、宇宙へと、そして自分のコレクションへと思いを馳せた。

上海から戻った僕は、日本各地の古本屋、レトロショップ、古書市、骨董市などを巡回するようになった。その熱狂が僕を狂ったように躍らせ、海外旅行から引き離した。日本の秘密に心を焦がした数年間。とはいえ、この話を始めると、本書の枠組みをはみだしてしまうから、慎むのが賢明だと考える。

二三　二卵性双生児

台北

台北《タイペイ》を訪れたとき、ランドマークと言える超高層ビル、台北１０１を見上げて、良い形と色をしてるなあと感じた。青緑色の細長い、古代社会の青銅器のようだ。その背景の青空に愛され、抱きしめられているようだと思った。國立故宮博物院に行ったが、多くの人が目当てにする翠玉白菜《すいぎょくはくさい》や肉形石が僕には魅力的でなかった。安っぽいおもちゃのようだと思ってしまった。日本の蚤の市で、五〇円や一〇〇円で売っていそうに見えると思ってしまった。僕の感受性が至らなくて申し訳ない。

いささか矛盾しているかもしれないけれど、数年後、僕は骨董市などで、そういった形状の謎のレトログッズをたくさん買いあつめることになった。それらは安物だから、あるいは誰が見てもガラクタだから、かわいらしさを、あるいは愛嬌を感じることができた。故宮博物院の珍宝たちは、鑑定すれば莫大な価格になるはずだから、かわいげが感じられないのだ……。

台北の街中を歩いていて、やたら日本語の「の」の字を見かけるのが訝《いぶか》しかった。たとえば「臺灣最神秘の茶餐廳」のような具合だ。「台湾でいちばん魅惑的な軽食レストラン」という意味だが、「の」は本来は「的」と書くべき部分のはず。「的」がしょっちゅう、なぜか日本語のひらがなの「の」なのだ。「日本的」は「日本の」と書かれている。しかも「の」以外のひらがなは、ぜんぜん見かけない。台湾がかつて日本の植民地だった事実や、中国と敵対していて日本に親和的だという現在の国家事情を考えているうちに、日本人が「@」を使う感覚に近いのかもしれないと思いいたった。たとえば僕がSNSのアカウント名として、「マコト@発達障害」と書くような具合だ。「@」の本来の用法としてはズレているが、ささやかな遊び心が生まれる。台湾人にとって、「の」はそのような遊び心ではないか。

台湾では、日本でも入ったことがないメイド喫茶に挑んだ。メイド喫茶のイメージは「ぼったくり料金」だ。もとアニメオタクとはいえ、コスプレというのがどうにも苦手だ。現実にアニメ風の仮装が持ちこまれると、マヨネーズのかかったサラダに入った甘いリンゴやミカンを食べたときのような味覚を覚える。「これはなにか違う」と思ってしまうのだ。だが、それは自分自身に対する僕の無意識の警告なのかもしれない。この方面に足を踏みいれたら最後、元来オタクの素養が豊かなだけに、もう引きかえせないぞ、という。東京の秋葉原でも、大阪の日本橋《にっぽんばし》でも、名古屋の栄でも、僕はメイド喫茶に足を運んだ経験がない。

台湾に来たという非日常的状況を利用して、僕は未到の地、メイド喫茶を覗く勇気を得た。場所は西門町《シーメンディン》。通りの印象は東京の秋葉原を縮小したような感じ。その一帯には何軒かのメイド喫茶があるが、僕は「日本のお客さまにも対応できます！」というのがウリの店を選んだ。雑居ビルに入ってゆき、店を探す。でも入店したあとは、ずっと後悔していた。歓迎してくれたメイドたちのキャピキャピした対応に、感情がまったくついていけないのだ。着席すると、「おかえりなさいませ、ご主人さま♡」とミニスカートのプリーツを両手でつまみながら会釈をされたのだが、どう応答して良いのか分からない。メニューを出されて、「ご注文が決まったら、声をかけてほしいニャ☆」と言われたが、「あ、はい、ありがとうございます」としか言えない。

僕は藤枝静雄の短編小説「田紳有楽《でんしんゆうらく》」を思いだした。池の底に沈められた志野筒形グイ呑みと、金魚のC子が愛の交歓によって子どもを作る場面。朝鮮生まれの抹茶茶碗、柿の蔕《へた》がその様子を眼にする。

無数の灰白色の微塵子《みじんこ》のような物体が池じゅうに散乱し、そのひと粒ひと粒が、おりから中天に達した青い十五夜の光を浴びて暗黒のなかにチカチカと浮游しているのであった。それらが明かに生きものであるということは、運動の方角がまちまちで、あるものはほとんど静止に近い状態でわずかずつ移動しているのに、あるものは直線的

に素早く走っていることから容易に判断されたのであった。（藤枝 1990: 34）

グイ呑みは「万物流転生滅同根」、C子は「山川草木悉皆成仏」と叫ぶ。この叫びに柿の蔕も唱和し、奇怪な音響空間が起ちあがる。

「万物流転生滅同根、山川草木悉皆成仏。万物流転生滅同根、山川草木悉皆成仏」。（同：36）

文字どおり冷や汗が滲むような時間を過ごし、注文したホットケーキを食べおわると、またメイドがやってきて、「追加のご注文はありませんかニャ☆」と会釈をする。僕は「ありませんニャ☆」と答える勇気がなくて、「あ、はい。大丈夫です。ありがとうございます」と答えて、精算した。滞在した時間と食べたものを考えると高価だが、暴利をむさぼっているというほどではない。あれほどいたたまれない時間を過ごしたことは、嵐のようだった未成年時代を抜けたあとでは、珍しい。でもオタクというのは挙動不審なことが多いから、店のスタッフは特に気にしなかったと思う。

台北の郊外にも足を延ばした。朝から烏來《ウーライ》に行って、青い空、白い雲、濃緑の山、赤い橋、青緑色にきらめく川を眺めた。あれほど美しい風景にはなかなか出会えるものではない。永遠かつ完璧に青い空と川。九份《ジオウフェン》にも出かけて、夕方まで滞在した。ここはよく『千と千尋の神隠し』の着想のきっかけになったと言われる場所だが、宮崎駿監督らは否定している。夕暮れになってくると、実際にあのアニメの世界に見えてくる。『千と千尋の神隠し』は大学生のときに、当時の恋人とその母親と見たが、映画館ですっかり寝入ってしまった。その四年前の『もののけ姫』も眠りそうになったから、僕の感性が偏っているのかもしれない。『となりのトトロ』、『天空の城ラピュタ』、『魔女の宅急便』の明快な作風はどこにいってしまったんだ？　と呆然としてしまったのだ。

台湾は、日本の二卵性双生児のように感じられた。同じ親から生まれたから、とてもよく似ているのに、一卵性ではないから、そっくりで見分けがつかないというほどではない。普通の兄弟や姉妹とは考えたくなかった。双子と考えることで、対等の土俵に立っていると考えることができる。精子が卵子に到達し、受精して細胞分裂し、ふたつの対《つい》の胚ができていく様子を想像して、楽しい気分に浸った。

京都大学の大学院に通っていた時代、哲学の道の南端近くに住んでいた。吉田キャンパスを本部構内の北から東へと坂道を登ってゆく。交差点をそのまま越えると、銀閣寺道に入る。少ししたら、琵琶湖疏水の分流が南北に流れているから、それをたどって南へ向かう。それが哲学の道だ。南の端まで歩くと、住んでいた学生寮はすぐ近くに迫っている。

周辺の生活環境は抜群だったと思うが、同じ研究室のTに困っていた。僕たちが溜まっている院生室を出るのは深夜なのに、僕の寮まで延々とついてくる。そのあいだずっと、日々の雑感や考察内容をしゃべりつづける。めんどくさくて相槌をほとんど打たないのに、話しつづける。いま思えば彼にも自閉スペクトラム症があったのだろう。もしかしたら自己愛性パーソナリティ障害も併発していたかもしれない。指導教官には、自閉スペクトラム症が僕やT以上に強烈に備わっていて、他方で僕には注意欠如・多動症も併発しているから、この三人を中心とした研究室が混乱のるつぼだったのも、いまでは容易にうなずける。授業は毎年、悪夢のような展開になった。指導教官が、京都大学の自分の出身講座の教員として着任できなかったことを恨んで、呪いの言葉を口にすれば、僕とTは、僕たちの後輩が必死で研究内容を発表しているのに、自分たちの鍛えられた思考力や知識を揮《ふる》って、後輩たちを容赦なく圧迫した。僕は内心では優しい先輩であろうとしたけれど、全体として破綻していた。

僕の下宿先が、にわかにざわめいた時期があった。台湾の指導者を決める中華民国総統選挙が実施されることになり、片方の候補者が僕たちの寮にやってくるというのだった。彼は学生時代にこの寮に住んでいて、日本留学中の青春の地をあちこち訪れる様子を台湾のテレビ局が放映することになった。その部屋は、僕の部屋のすぐ隣。管理人をしている夫婦に頼まれた。

「横道くん、当日は通訳してくれへんかな」

「中国語はできません」

「英語でええから」

「英語もできません。アイ・キャント・スピーク・イングリッシュなんです」

そのころの僕はドイツ語、フランス語、ロシア語を学んでいたのに、すべて「読書用」の外国語学習だったから、日本語以外の口頭コミュニケーションは何もできなかった。もはや英語ができるようになるとは思えず、こちらは完全に諦めてしまって、勉強しなくなっていた。日本語の口頭コミュニケーションも不得意だったから、人間関係の構築に支障だらけだった。

総統候補がやってくる当日、大騒ぎだったけれど、僕は自分の部屋に避難して、廊下の音にそっと耳を澄ませていた。安普請の寮だから、自室にいても寮内のいろんな音が聞こえてくるのだ。総統候補は当然ながら通訳を伴っていたため、僕の出る幕はそもそもなかった。撮影は三〇分もかからずに終わり、総統候補や撮影クルーはあっというまに引きあげていった。京都大学やお気に入りの観光地など、総統候補の別の思い出の場所で撮影するらしかった。その後の総統選の結果、くだんの候補は大差で敗北し、馬英九が新総統に就任することになった。

大学教員になったあとは、授業で毎年のように台湾に言及する機会があった。かつての冷戦時代、ドイツが東西に分断され、ベルリンの壁が築かれた。そのことをテーマとして冷戦時代のドイツの文化や文学を教えていくのだが、東アジア人の僕たちにとって問題を親しみやすくするために、極東の状況も紹介するのだ。朝鮮半島やヴェトナムが南北に分かれ、戦争状態になったことは誰でも知っているけれど、中国で内戦に勝利した側が大陸を支配し、中華人民共和国を名のり、敗退した側は台湾を支配し、中華民国を名のっていることは知らない学生が多い。冷戦体制はヨーロッパでは終わったとはいえ、アジアではほんとうに終わったと言えるかどうか、と問いを立てる。台湾が何かということを知らない若者たちは、少なからず衝撃を受ける。

さて、台北と言えば、なにはともあれ夜市だろう。一〇か所以上で展開されているようだが、最大のものは士林《シーリン》にある。昔から夏祭りの夜店が大好きだった。暗闇のなかの煌々とした明かりに惹かれるのは誰にでもあることだと思う。でも僕は感覚刺激に平均を超えて敏感に反応するから、人一倍に惹きつけられる。僕は、夜の電灯に群がるガやハチやコガネムシのように、そういった煌々と照らし出された夜の一区画に吸いよせられては、熱にやられて、ポトリと地面に落ちて死んでしまう。夢中になって、燃えつきる、そんな自分を何度も想像した。

そうして体の感覚が曖昧になってゆく。ゼリー状あるいはスライム状になってしまう身体感覚へとまるめられて、夜の闇に溶けこんでゆく。意識はゆるやかに拡散し、自分が無際限に宇宙化してゆく。それは円城塔が連作小説集『文字渦《もじか》』で描写した、漢字の自己増殖システムのようだ。


まず単位となる要素を「人」種とするならば、これは分裂の結果「众」へと変化する。「从」字となる場合もあるが、微化石としてはあまり見られない。「从」は従うの意で、これは、つきしたがう形によって従うを意味した「从」に字義を強調する要素を加えた「從」を簡略化した形である。「从」字や「众」字は瀛州でこそ物珍しいが、大陸においては日用される文字である。

もちろん複製過程であるから、この変化はとどまることなく、

人　から　众

への変化は、

众　から　众
众众　から　众
众众
众　众
众众众众

への変化へ続くことになり、その極限でシェルピンスキー・ギャスケットとして知られるフラクタル構造を形成することになり、個体数は三倍ずつに増えていく。文字の増殖が太古の海の色を左右したとされる所以である。(円城 2018: 148-149)

ドイツの哲学者、ゴットフリート・ライプニッツはその思想の精髄を凝縮した『モナドロジー』で宇宙について書いていた。初期近代の荒唐無稽な宇宙観が表明されているが、その直感が僕にも感得される。宇宙と僕が共振し、溶けあっているからだ。

宇宙には、耕されていないところ、不毛なところ、生命のないところは一つもない。混沌も混乱もなく、そう見えるのは外観だけである。少し離れて池を見たときに魚そのものを一つ一つ見分けることができないで、池の魚の混乱した動き、いわば群がりが見える、というようなものだ。(ライプニッツ 2019: 60)

でも、そのような陶酔は一時的なものにとどまる。フランスの思想家、エミール＝オーギュスト・シャルティエ（通称アラン）が『芸術の体系』で、人体は神々の墓場だと書いていたことを思いだす。アランがなぜそのように書いているのか、読んだときに判然としなかったため、僕は自己流に解釈して、僕の身体感覚のありようがそれだと考えることにしている。特権的な時空から脱落したときに、僕も自分の体を墓場として感得できるからだ。

夜市でクワガタムシが売られているのを見て、思わず駆けよった。小学生のころ、国内外のさまざまな昆虫に強い関心があった。ジャン＝アンリ・ファーブルの『昆虫記』を読んで、自分も将来はこんなふうに昆虫の観察をしながら生きていこうと決意した。だが僕には限局性学習症――発達障害のひとつで、文字の読み書きに苦労したり、簡単な計算もできなかったりする――の傾向もあった。そのため数学が壊滅的にできず、理系の研究者になるのは諦めざるをえなかった。

夜市で冷やし中華、ホットドッグ、焼き鳥、牡蠣オムレツなどを幸福に味わった。そのころ昆虫食に凝っていたから、昆虫食の屋台もないか探したのだが、見つけられなかった。当時、中国、タイ、ミャンマーなどで食べられている竹虫のおいしさに開眼していた。タケツトガの幼虫で、揚げて塩味をつけると、見た目も味もフライドポテトにそっくりなのだ。

せめて何かゲテモノを食べたいと思い、中国語のウェブサイトを見て蛇料理を食べられる店を訪れた。観光客向きの店ではなく、完全に地元の人たちに向けた店。メニューも中国語だけで、英語や日本語の表記はない。僕のたどたどしい話し方を聞いて、店主は僕が台湾人でないと気づき、「日本人《リーベンリエン》か⁉」と驚いていた。中国語が不得手な観光客がその店に来るのは珍しかったのだろう。

僕は蛇肉の重厚なステーキを食べたかったけれど、メニューの中国語の羅列を見ても、どれがそれなのかわからなかった。僕の未熟な中国語は通じず、相手は日本語も英語も理解できなかった。それらしいものを注文したが、それは蛇肉のスープだったので、僕は「ハズレ」だと思った。蛇の薄く刻まれた肉がぱらぱらと皿の底に沈澱していて、薄い塩味のスープがたっぷり飲める。ゲテモノ料理の魅力として重要な、グロテスクな外観も形容しがたい味覚や食感も欠けている。僕は落胆しながら食べることにした。「じつはこういうものを食べたいのです」と伝えられるだけの中国語能力を持ちあわせていなかった。

食べながら、僕のゲテモノ喰いはいつまで続くのかなと思案した。自閉スペクトラム症があると、こだわりの特性があるから、凝り性になるのだ。しかも、前に書いたように僕はもともと大の偏食家だったから、「いまはなんでも食べられる」と感じることに快感を覚えてしまうのだ。ただし、自閉スペクトラム症者にはむしろ超保守的な偏食家が多いから、僕のゲテモノ食への耽溺は例外的な現象だ。むしろ、これは注意欠如・多動症による冒険主義的な傾向の発露かもしれない。注意欠如・多動症があると語るノンフィクション作家の高野秀行さんは、本書と同じ編集者と組んで、『辺境メシ——ヤバそうだから食べてみた』という奇書を作っている。

僕は、世界のさまざまな場所で、ワニを食べ、カンガルーを食べ、ウミガメを食べ、ホンオフェを食べ、ドリアンを食べ、孵化前の体が完全にできていないアヒルの子を食べ、ハチの幼虫や蛹《さなぎ》の水煮を食べ、サソリやイナゴの唐揚げを食べた。いちばん気に入ったのは、先にも書いた竹虫のフライドポテトもどきだが、「まずい」と感じたのはタガメの水煮だけだった。タガメの腹に爪楊枝で穴を開けて、口をつけて内臓をちゅるちゅる吸いだすのだが、生臭い白子のようで、そのときに食べたものだけを基準にして論評するのは倫理に反すると思うのだけれど、もう二度と食べようと思わない。未経験ながら、始めから食べたいと思えないゲテモノ料理も、もちろんあった。イタリアのチーズ、カース・マルツゥ。チーズの発酵過程でハエに卵を産みつけさせ、ウジを湧かせ、そのウジごと食べるのだが、ウジは胃壁を食いやぶることもある。思いうかべてみるだけで胃が痛くなる料理だ。イタリアに旅行したときも、この料理を食べられそうな場所を、わざわざ探してみようとは思わなかった。

僕はいまではゲテモノ喰いをやめていて、もう二度とその道にハマるのはやめておこうと思っている。そもそも僕を動かしていた駆動源は知的好奇心だったから、だいたいの食べ物は一度だけで満足という性分なのだ。毎日毎食、ありきたりの、それなりのひどい味がしないものを食べられれば充分。結果、野菜たっぷりのカレーライスや、魚介類たっぷりのパエリアを、ホームヘルパーに作ってもらって、連続して何十日も食べつづけるという食生活になっている。

自閉スペクトラム症があると、極端な傾向があるため、いまの僕はそれを反省して、食べ物と控えめな仕方で関わるように努めているものの、毎日のように変わらぬ献立を楽しんでいるから、実際にはまったく反省していないのかもしれない。

僕は台湾が好きだから、ほんとうはこの国が自称している中華民國と呼んであげたいような気もするし、台湾という語を使うときには正式に「臺灣」と表記したいのだが、見てのとおり、それらの表記を本書では採用しなかった。「こだわり」が強い僕にとって、これは苦渋の末の妥協なのだが、その妥協は、もしかすると僕の「成長」なのかもしれないとも思う。正否は読者の判断に委ねることにしたい。

二四　戸惑い　ソウル

初めてソウルに足を運んだのは、三〇代半ばだった。ずっと昔に来ていたら、この街の急速な変貌ぶりに驚いたのかなと想像する。僕が知っているソウルは、すでに充分洗練された大都市だった。夜の闇にまばゆく燐光を放つ街を見て、一八世紀のドイツの旅行家ゲオルク・フォルスターの『世界周航記』を連想した。フォルスターたちはジェームズ・クックに率いられた世界一周探検旅行のなかで、夜光虫によって海面が青く輝いているのを眼にする。その圧倒的な青の海上空間。僕が青色LEDの電飾を初めて見たときのような昂揚感を、彼らも体験したのだろう。

夜になった途端に、海はおよそ想像しうるかぎりで最もすばらしい見事な光景を見せ始めた。見わたすかぎり海が全面的に燃えているかのようだった。波が砕けるたびに、燐が燃えているかのように波頭が光り輝き、舷側に波があたると、火のように明るい線が浮かんだ。そして海中を見ると、大きな輝くばかりの物体が、ある時は早く、ある時はゆっくりと、船に沿ったり、あるいは船と反対に動くのが見えた。ときには、この塊の魚のかたちをしていて、小さな魚が大きい魚を避けて泳いでいるのが見えた。このすばらしい現象をもっとよく調べるために、私たちはバケツで、この光輝く海水をデッキの上に汲み上げてみた。分かったことは、無数の小さな丸いかたちをした、ちかちかと光る生物が、大変な速度で水の中を泳ぎまわり、あの光をまき散らしているることだった。水面が静かになると、発光の量が減ってきたが、揺らすと前と同じに光った。（フォルスター 2002: 71-72）

フォルスターを連想したのは、彼の旅行記がイギリスによる世界制覇の過程を描いた作品だからということもある。ソウルにいると、どうしても日本統治の時代へと思いが動く。ソウル郊外に位置する天安《チョナン》の独立記念館に出かけた。そこには日本人による残虐行為を説明する展示があって、学校の遠足で来ている子たちもいて、いたたまれない感じがした。

地下鉄に乗って座席に座っていると、年寄りの男から「そこをどけ」と追いはらわれた。僕が日本人だと察したからではなく、「若いくせに」と思われたのだと思う。韓国の歴史を研究している日本人の研究者、Nさんに尋ねると、「人と人との距離が日本よりも近いということだ」と語る。なるほど、と眼から鱗が落ちたが、儒教的な規範が強いのはまちがいない。酒の席で年下の韓国人たちは、口元を必死に隠しながら飲むとも説明された。「年長者の前で若輩者の自分が偉そうに酒なんか飲んで申し訳ないという意味なんだ」。めんどうな社会だなと思ったが、日本だって欧米から見たら儒教的すぎて因習まみれの社会だから、これは「隣の芝生は青く見える」の逆の現象にすぎない。ソウルでは景福宮に行き、勤政殿や昌徳宮の端麗な姿に満足感を覚えた。沖縄の首里城を思いだしたが、これは僕の知識が乏しいのが理由だ。「東アジア風だが和風ではない」と感じたものを「沖縄っぽい」と判断している可能性があるからだ。いまインターネットで景福宮の建物と首里城を比べながら眺めてみると、まったく似ていないことがわかったから、なんだか恥ずかしい。

在日朝鮮人問題を初めて知ったのは、中沢啓治のマンガ『はだしのゲン』を通じてだった。広島に投下された原子爆弾が起こした凄惨な地獄をなまなましく描出し、数々の小学生に生涯にわたるトラウマを残した作品。よく指摘されるように、戦中と戦後すぐの庶民生活を生き生きと活写した魅力もある。主人公ゲンの家の近所には、朴さんという在日朝鮮人が住んでいて、彼も家族と被爆する。

大阪の学校に通っていたから、道徳の授業で在日朝鮮人について学ぶ機会があり、クラスメイトにもやはり在日三世などがいた。高校のころ、西成に行ってスラム街を見てまわるのが好きだった僕は、鶴橋にも出かけて、コリアンタウンの空気を吸った。ちょっとした探検気分だったと思う。地上にある地下的な世界を体験したかった。

一〇代を過ごした一九九〇年代の後半から、周囲で「韓国や中国が嫌いだ」という声を聞くようになった。日本の国力は停滞してゆき、中国や韓国は飛躍のときを迎えた。嫌韓・嫌中発言を京都で聞くたびに、僕は難しい顔をして、「この人は京都人だから田舎者なんだ。いろんな人がいる大都市の出身なら、そんな見方をするようにはならなかったろうに」と思っていた。だが、住むようになった京都から大阪に戻ると、大阪の旧友でもそのようなことを言う者に出会った。「やっぱり大阪も田舎だったか」と僕は思ったが、もちろんその人が都会の人か田舎の人かという問題と、民族主義的な主義主張のあいだには、明確な相関関係はない。「都会人」だからこそ、異物と判断した相手を見下し、差別する人間も多くいる。

修士課程のころ、毎日のように通っていた大学の院生室は、多国籍だった。フランス、トルコ、ベルギー、アメリカ、台湾、ロシアなどからの留学生がいて、流暢に日本語を話していた。部屋のリーダーと見なされていたのは、韓国から留学してきた年上の女性だった。聡明な人で、会話が楽しかった。「昔は反日だった」と告白してくれた。「いまでは日本のいいところをたくさん知っている」。

僕たちの雑談ですぐに思いだせるのはつぎのもの。

「マクドナルドって韓国語でなんて言うんですか」

「맥도날드（メㇰトナルドゥ）」

「へえ！　ぜんぜん違いますね」

「そう？」

「ああ、でも日本語の〈マ、ク、ド、ナ、ル、ド〉も英語本来の音の〈məkdánəld〉とはぜんぜん違うもんなあ」

「ふふ、ちゃんと気づいたね」

「ハングルって、最初はひらがなみたいなものだと推測していて、ひらがなばかりなんて、不便そうだと想像していました。でもちょっと勉強してみると、一文字の情報量がひらがな数文字分になっていることが多くて、ひらがなだけの表記よりは、独特に引き締まった質感がありますよね」

「そのとおり！　でも私はいまは、ひらがなの丁寧すぎる感じがとてもラブリーだと思うけどね。日本人の優しさにふさわしい文字だって感じる。カタカナは使用頻度が低いから、いまでも私には難しいんだけど」

博士課程のころ、在日三世の親しい後輩がいた。ドイツやフランスの現代思想について研究していて、ベンヤミンやデリダといったユダヤ系の思想家たちに惹かれているようだった。彼とはいろんなことを話したけれど、話せば話すほど言葉が足りないと感じた。僕はどうやったら、彼らと——日本にいる「他者」と——納得いく仕方で話せるようになるのだろうかと思案した。自分もまた発達障害者という「他者」だとは思いもよらなかった懐かしい時代だ。

僕は「じつはユダヤ研究という分野が苦手なんだ」と打ちあけた。

「どうしてでしょう？」

「自分を被害者と感じて、その被害者感情を歴史上のぜんぜん違う次元の被害者たちに代入する研究者がたくさんいるから。それは、殺されたユダヤ人に対する冒瀆のような気がする」

「そういう感じ方もあるんですね」

「加害者の病理を、冷静に抉《えぐ》りだすような研究のほうが誠実だと思う。だからユダヤ人研究はやらないし、自分が研究しているのはいつもナチス研究のつもりだ」

「うーん、世の中にはいろんな正解があると思います」

僕はいまは障害者を自認して、障害を持った仲間のために戦いたいと思っているから、あのときから、ずいぶん遠いところに来てしまったのかもしれない。僕は挫折し、転向してしまったのだろうか？　どれだけ考えても、わからない。僕は、いまでも個々の言動が「冒瀆的」か否かをいつも気にしてしまう。発達障害者として異物扱いされやすい人生を送ってきたから、自分はつねに他者から侵犯されてきたという思いがあって、僕自身も何かを侵犯することに強烈な抵抗を覚える。その侵犯を避けるためにもがきつづけて生きているように見えるから、僕が変わったように見えるのは表面だけで、本質的にはそれほど変わっていないのかもしれない。

ドイツに滞在していたときは、韓国人の女性と親しくなったことがあった。欧米社会で、孤立しがちな東アジア系の男女が接近するのはじつにありがちなことだ。だが何かと日本人に対する不満を述べるため、だんだんと距離が遠くなった。彼女とはドイツ語で会話した。

「どうして日本人は戦争のことを開きなおるの」

「先祖がやったことの責任を取らなければいけない、という論理は正しいだろうか。どの世代まで責任を取るのか」

「先祖はだいじ。先祖がいないと私たちもいない」

「たしかに僕たちは過去の恩恵を受けて生きている。死者を大切にすることはだいじだと思う。死者は軽んじられることが多いから」

「そのとおりよ」

「でも死者に優しい人は、しばしば生者に厳しすぎる。生者にも優しくあるべきだ」

「そんなことを言うマコトは厳しい人だと思う」

「韓国人は先祖の誰かの暴力行為を永遠に反省しているだろうか。過去よりも現在と未来がだいじだ」

「日本人は薄情だと思う」

「……」

鶴橋や東京の新大久保で韓国の焼肉を食べると幸せになる。焼肉を食べると、それは大阪の味に感じられるのだが、大阪での韓国文化の浸透ぶりが関係しているのだろう。鶴橋や新大久保に行くと、昔とはずいぶん変わってきたと思う。韓国アイドルにあこがれる女性たちをよく見かけるようになった。高校のころ、世間知らずの僕にとって、鶴橋のコリアンタウンは西成のスラム街に準じる場所だったが、こうやって文化は刷新され、街は改新してゆくのだと気づく。

ソウルでも焼肉はおいしかった。この街は、あるいはこの国は日本からすぐにでも訪れることができる位置にあるのに、なぜ僕はなかなか来ようとしなかったのかと考えた。僕は中学生のころから日本の歴史に夢中になり、中国の歴史に夢中になり、ヨーロッパやアメリカの歴史に夢中になった。なのに、朝鮮半島の歴史に夢中になったことはない。これは僕が、意識せずにこの半島の人々を軽視しているからではないのだろうか。その気づきに気が重くなる。韓国で体験するものをどのように受けとめるか、どのように判断するかという問題に、自信がないということもあった。僕も偏見にまみれた受けとめ方をしてしまうのではないか。

そのようなわけだから、韓国旅行は僕にとって、もっと遠くの国に行くよりも冒険的な要素があった。自分の過去に思いをめぐらせ、自分の認識に更新を迫る機会に満ちていた。僕はギリシアの劇作家ソポクレースの『アンティゴネー』で、コロス（合唱隊）が歌いあげる人間観に思いを馳せる。

恐ろしきものはあまたあれど、／人よりもなお恐ろしきはなし。／このものは、冬の南風《なんぷう》を冒し、／逆巻く波をくぐって、／鈍色《にびいろ》の海をも／越えてゆく。はたまた、／神々の中にも至尊の女神、／疲れを知らぬ不滅の大地を痛めつける。／来る年も来る年も、鋤《すき》を巡らせ、／馬の子を駆って、耕しながら。（ソポクレース 2014: 43-44）

僕がそれほどの大冒険をしたというと、失笑されるかもしれない。でも僕にとって韓国はやはり切実な問いを投げかける場所だった。

この国のことをもっとちゃんと理解したいと思いながら、ひところ学んでいたハングルをいまではほとんど忘れてしまった。斎藤真理子さんが訳した韓国の小説を読むたびに、自分でも読めるようになりたいと感じる。特にハン・ガンの作品を。

SNSを使っていると、いやになるほど、あちこちから嫌韓発言が流れてくる。特にヤフーニュースのコメント欄では、そのような発言を頻繁に眼にする。民族主義に侵されている人たちの言動を見ていると、しばしば発達障害者的だなと感じられてならない。この障害があると、強く感じすぎたり、疲れやすかったりして、言動が極端に振りきれやすい。僕の周囲にいる発達障害者も、しばしばネトウヨになったり、逆に極左に走ったりする。政治的立場は正反対でも、極端な方向へと駆けぬけてゆく点では同じだ。

政治的な指向と疾患や障害の問題を結びつけるのは危険なことだが、僕はなんとも言えない気分になる。発達障害を抱えている場合、過激になりやすい自分の特性と向きあい、それとうまく付きあうことを覚えて、他者に対して穏当な判断をくだすべきだと思う。無論、そのような言動になるよう努力している仲間はたくさんいる。僕もひとりの穏当な、健全な知性に奉仕する発達障害者でありたい。

二五　ぐにゃぐにゃ　沖縄

自分の見知らぬ土地を旅行する。その喜びを僕はいつから覚えただろうか。自閉スペクトラム症があると、環境の変化を拒む傾向が付随する。人生では、つぎからつぎへと新しい体験が押しよせてくる。誰でもそれに翻弄されて生きているが、自閉スペクトラム症があると、自我が不安定になるから、いっそう翻弄されてしまうことになる。そこから保守的な傾向が生まれる。

ところが僕は注意欠如・多動症を併発している。その場合、冒険家風の衝動性が生まれやすい。つぎからつぎへと新しい世界に心を引っぱられ、集中力が脱落し、脳も体も爆発的に動きたがろうとする。だから臆病なのに、蛮勇でもある。蛮勇は勇気ではない。勇気には臆病と蛮勇という両極があって、蛮勇も本質では臆病と同じだ。そのように紀元前の中国の兵法書『孫子』に書いてあったような気がするが、まったくの記憶違いかもしれない。外国をたくさん旅してみようと思ったのも、蛮勇の結果だった。

大学生として恋人と沖縄に旅行した日々が、僕の人生で幸せの絶頂期だった。その一歳年上の恋人は研究調査のために、長期休暇のたびに、沖縄の離島に飛んでいた。初めて恋人関係になった直後もそうだった。僕は彼女に会いたくてたまらず、自分の人生に関して悲観的だったから、帰ってきたときには、もうフラれてしまうのではないか、と怯えた。

彼女と沖縄のどこに行ったのかはあまり覚えていない。首里城は見に行った気がするが、「沖縄のイメージどおりだ」くらいにしか思わなかった。どこかの浜辺でふたりでバーベキューをしたことを、よく覚えている。その夏の新曲に Whiteberry の「夏祭り」があり、あちこちのスピーカーから流れてきた。センチメンタルで僕には好みどおりの曲だったが、彼女は JITTERIN' JINN の原曲を知っていて、このカヴァー曲はイメージが違う、と何度も不満を述べた。いまでも夏になるとカヴァー曲のほうを頻繁に耳にするから、僕の心は大学時代の沖縄へと放りこまれる。僕の人生で、あのころより幸せなときはもう来ないのかもしれない、と寂しく感じてしまう。

沖縄本島の浜辺から見たものは、僕が初めて見た美しい海だった。僕はそれまでイヤな臭《にお》いのする大阪南港の海しか知らなかったから、衝撃は大きかった。波と戯れて、シュノーケリングをして、こんなものはすべて作り話の世界のことだと思っていたのに、と呆然とした。こんな美しいものがちゃんと世の中にはあるのか、と動揺に襲われた。僕と彼女と空と海は調和した。泳ぎながら、僕は泳げない野生動物のように手足をバタバタさせ、光合成に専念する野生植物のように二酸化炭素を吸って、酸素を吐いた。世界中で夏の青が炸裂していた。

那覇のメインストリートにあたる国際通りを歩いていると、米兵たちが数人連れでやってきた。日本には一三〇か所の米軍関連施設が点在しているが、関西ではあまり存在感がない。だから米軍の存在を身近に感じたことは、それまでになかった。のちに、世界のさまざまな場所を旅行して、警官や兵隊が武装して街を警備している様子を眼にすることになったが、沖縄でその体験を初めて得た。海外で本物の銃の射撃をする機会も何度かあったが、軟弱な坊やだからつねに断ってきた。いまでも軍隊は苦手だ。チェコの作家、カレル・チャペックの『サンショウウオ戦争』を読んだとき、兵隊はみんなサンショウウオになれば良いと思った。

首を切り落とすか、胴体を首と骨盤の間のどこかで切断した場合には、サンショウウオは死んでしまう。しかし、一方では胃、腸の一部を切除したり、肝臓の三分の二を取ってしまっても、あるいはほかの臓器を取っても、生活をする上で支障はない。ほとんどの腸を切除してしまっても、サンショウウオはまだ生き続けることができるのである。サンショウウオほどけがなどの傷害に対して強い抵抗力のある生き物はいない。／この点から、サンショウウオは兵士として使うのにぴったりで、第一級の兵士になりうる。なにしろ戦争で負傷してもほとんど死ぬことがないからである。しかしながら、サンショウウオはもともと争いごとを好まない性格であり、その上生まれつき自分の身を守ることを知らない。そのため残念なことに、どうにも兵士として具合が悪いのである。（チャペック 2017: 269-270）

僕がこんな記述に反応するのは、自分の身体感覚が両生類の肌のようにぐにゃぐにゃしていて自由だからだと思う。生物の類を超えた共感が発生しているのだ。他方で、自分の実際の体が脆く弱いと感じていることも、先の引用に反応するきっかけになっていると思う。憧れが発生しているのだろう。

その旅行から数年後、僕は頻繁に沖縄に旅行するようになった。春休みや夏休みのたびに、数日間の時間を見つけて訪れた。僕と彼女はすでに別れ、連絡することもなかった。彼女が調査旅行に行っていた八重山諸島を探索した。沖縄本島には行かず、彼女が調査旅行に行っていた八重山諸島を探索した。僕は自分の心を焼却し、埋葬するために、何度も沖縄を訪れた。女性側の視点から見れば、気持ち悪い男かもしれない。僕は、彼女が僕との会話で話題にしたけれど、ふたりで訪れたことはなかった場所を、失ったものを検品整理するかのように、確認して回った。

八重山諸島の中心には、二番めに大きな石垣島がある。〈Coco!〉の看板がかかったコンビニエンスストアで買い物するのが好きだった。沖縄のコンビニはココストアが多い印象があり、このコンビニは関西では見たことがなく、唐突な雰囲気のショッキング・ピンクがいかにも沖縄のイメージに合っていたから、沖縄発祥のコンビニだと思いこんでいた（実際には愛知県発祥）。二〇一〇年代にファミリーマートに吸収合併されたから、いま石垣島に行くと街並みから受ける印象は違っているかもしれない。

八重山諸島でいちばん大きいのは西表島《いりおもてじま》で、この島はほとんど原生林に覆われていて、本来の生態系が維持されている。人口は三〇〇〇人に達しない非人間中心的な島と言える。西表野生生物保護センターでイリオモテヤマネコの剝製を見て、「自宅に欲しいな」と思った。その思いは募るばかりで、数年後にヤマネコの一種の剝製を手に入れて、うちに飾った。

西表島には、付録のようにして由布島《ゆぶじま》がくっついている。ふたつの島のあいだにある海は、満潮時でもおとなは溺れないくらいの深さで、水牛車が交通機関として運用されている。楽しそうだが、僕はいつもの僕らしく乗らなかった。エジプトではラクダに乗らず、沖縄では水牛に乗らない。大学の新入生のとき、合宿研修で馬に乗る機会があったが、僕はそのときも乗らなかった。定型発達社会から、自己疎外している僕なのだ。

竹富島では、街並みが保存対象として指定され、木造で赤瓦の民家、白砂が敷かれた道が残り、近代以前の世界に迷いこんだかのようだった。保存するのは良いことだと思うけれど、博物館に入ったようで、緊張する。そろりそろりと俯きながら歩いた。コンドイ浜という場所が海水浴場になっていて、水泳を満喫した。そのあと砂浜で仰向けに寝転がっていた。僕の体は砂に吸収され、気がつくと植物になって、浜のあちこちからニョッキニョッキと生えてくるのだった。僕は動物を超えて、植物に進化してゆく。

黒島は、彼女が、研究旅行の拠点にしていた島で、肉用牛がたくさんいる。驚いたのは、インドクジャクをあちこちで眼にしたことだ。飼育小屋から脱走した個体が、異常繁殖したらしい。生態系を破壊しているとのことだが、クジャクたちの群れは、あまりに美しかった。特定非営利活動法人日本ウミガメ協議会が運営する黒島研究所を訪れ、ウミガメやサンゴの標本を眺めながら、思いに耽った。

そうやって僕の傷は癒えただろうか。結論から言えば、癒えなかった。自閉スペクトラム症者はすこぶる頑固なのだ。良く言えば一途だが、悪く言えばしつこい。だから僕の傷は開きつづけた。原初の宇宙が、やがて宇宙に生まれでるだろう天体に対して邪悪な口をガポッと開いたかのような、人類が進化の過程で引きうけざるをえなかった不完全性を示すかのような傷。僕の魂の傷は、いまなおさらけだされ、疼きつづけている。

沖縄で、そして八重山諸島で僕がいちばん好きな島は、有人島としては日本最南端の島ということになる波照間島《はてるまじま》だ。琉球語では「はてぃろーま」という。島の真ん中にサトウキビ畑が広がり、やたらとヤギたちが多く、沖縄の島のなかでも、とりわけ夢の世界に見える。予想よりも起伏が大きく、散歩するのがたいへんだった。

民芸品店に入ると、置いてある工芸品が僕の趣味によく合っていた。興奮した僕はコミュ障なのに口数が多くなり、三〇代に見える女性の店主に身の上を尋ねてみた。彼女は関東からこの島にサーフィンに来て、島のイケメン（エキゾチックな「沖縄顔」の男性）と恋に落ちて、結婚して移住が決まったそうだ。ところが移住後の生活と言えば、農業への従事という現実。夏にはひっきりなしに台風がやってきて、「連続で上陸するのはやめて。飛び飛びなら諦めるから」と思う日々だと力なく笑った。そんな毎日を歎き、こうやって自分の店を始めて、観光客の相手をしているとのこと。

僕は沖縄の離島の幻想と実像を一挙に提示されたように感じた。観光地としては最高でも、日常生活を送るには厄介。僕の住んでいる京都も似たようなものだ。観光地としては興味深い街だが、「ここここそ、ほんものの都やで」と威張る人がいて、京都市内の一部の区を、旧平安京の範囲から外れるということで「あんなところ京都やない」とバカにする人もいくらでもいる街だ。僕は京都に嫌気がさすようになり、そのうち沖縄に移住してやろうと願望を温めていたのだが、波照間島で話を聞いていると、僕の未来も悲惨なことになるだろうと感じてしまい、願望はしゅるしゅると萎《な》えた。思えばあのあと、一度も沖縄に行ってない。

とはいえ波照間島は最高の環境だった。島内にある波照間郵便局は日本最南端の郵便局なのだが、そこから僕は自分の住所に宛ててハガキを送った。なぜ自分宛かというと、友だち――それもほとんどいないのだけれど――の誰かに送るのが恥ずかしかったからだ。「まるで自閉症だな」という考えが頭をよぎったが、その当時の僕の「自閉症」に対するイメージは通俗的なもので、極度に内向的で挙動不審な人物という程度だった。自分が実際に自閉スペクトラム症だとは想像もしていなかった。

この島は、日本国内で南十字座を見ることができる稀有な地でもあるのだけれど、夜に空を見上げて探しても見つけられなかった。あとから知ったのだけれど、真夏にはどんな時間帯でも見られないらしい。波照間島の植物相を楽しみながら、海辺に降りてゆき、フランスの作家、シドニー＝ガブリエル・コレットの『青い麦』を思いだした。眼の前にはどこまでも透んだ水色の海と白灰色の砂浜、そして異様なほどに明るい青空が開けていた。

崖の中腹に続く海沿いの小道を、ヴァンカはなにも言わずフィリップについていった。ふたりはスーッと香るハナハッカや、そろそろ最後の甘い香りを漂わせているメリロートを踏みしだいていった。下のほうでは海が、破れたいくつもの旗のような音をたてながらも、岩々をやわらかく舐めている。そうして崖の上にむかってなまあたたかい風を力づよく吹きあげ、ムール貝のにおいと、岩々の小さな割れ目から立ちのぼる土の香りを運んでくる。風と鳥が、空から種をまいていく土の香りだ。（コレッ

ト 2010: 44)

沖縄にめっきり行かなくなった僕の心の真ん中には、まだ沖縄の島々が浮かんでいる。なぜならそこは僕にとって若者だったころの自分の恋心の墓だからだ。でもその墓があるからこそ、僕は廃墟としての自分の文体を獲得することができたのだと思う。そして、それは僕が人生で得たもののなかでも、最大の幸福を生んでくれたものなのだ。

＊

未知の土地をめぐり、他者と出会うなかで形成されていく旅は、いつも僕の前に不思議の国を立ちあげてきた。僕の世界周航は、自分の心の奥底に眠る、無意識とでも呼ぶべきものが希求している心象風景をめぐる旅でもあった気がする。それを、さまざまな世界文学作品を引用しながら、本書で表現してきた。

死を背後に隠しもった体験世界を十全に生き、その生を廃墟の文体で紡ぎだす。紡がれた廃墟の味わいがする花束を、僕は自分の心の墓に捧げる。だからこの本は僕自身のための、ある種のレクイエムだ。

僕は、この本を書くことによって、旅行をしたときと同じように、まるで水に沈むかのように、広い青のなかに溺れていった。溺れて、その先にある宇宙空間と接触し、心が覚醒の瞬間を得ることによって、その輪郭を取りもどす。そうして晴れやかな真っ青な空が、僕のなかに広がってゆくのだ。

あとがき

ときには純粋な観光客として、ときには研究目的の半探検家として、地球上のいろいろな場所を訪れてきた。けれども、「はじめに」に挙げた国名一覧から明らかなように、僕が訪れた場所は、それほど「汎地球的」ではない。東アジアに住む欧米文化研究の専門家という事情を反映して、日本の周辺国と、欧米（というかヨーロッパ）にかなり偏っている。幾多の既存の紀行の題材として人気を集めてきたインドや中部以南のアフリカ、オセアニアなどは、憧れつつも一度も足を向けたことがない。スペイン語がそれなりにできるのに、中南米だって未踏の地だ。それどころか、いつも北半球ばかり移動してきた。南半球は僕にとって、まったく未知の空間なのだ。

だから本書は、世界周航記としては、かなり中途半端だと思う。でも、発達障害者の旅の様子を、当事者の内側から活写した書物として、画期的なものだという自負もある。

僕の第一の著書『みんな水の中』を、斎藤環さんは、病跡学（文学・芸術作品から創作者の疾患や障害を分析する精神医学的研究）を反転させた「当事者批評」と評価してくれた。僕はそれに刺激されて、第二の著書『唯が行く！』を疾患・障害の当事者が、体験する現象を意識しながら創作に反映させていく「当事者創作」として構想した。それに続いて、第三の著書にあたる本書は、当事者研究と紀行を融合させた「当事者紀行」として執筆したのだった。この当事者紀行を、担当編集者の山本浩貴さんは、「ハイパートラベル当事者研究」という（ちょっと照れくさくなる）言い方で売りだそうとしてくれるみたいだ。

旅する上でまず関心として大きかったのは、もちろん地球上のさまざまな地域の人々がどのように息をしているのかということ。どのような言葉がキャッチボールされ、どのような空気が呼吸されているのかということ。つまり文化人類学的な関心。でも僕には発達障害があって、本書にも記したように深刻なコミュ障だから、知らない人たちの生活の内部へと、ぐいぐいと食いこんでいくことはほとんどできなかった。僕は、彼らにとっての地球外知的生命体（のようなもの）として、つまり外国人かつ発達障害者という二重の他者、ダブル・マイノリティとして海外を体験するほかなかった。

日本人の僕が、海外でどのような体験に翻弄されるかについても大きな関心があった。外国人が日本や日本人にどのような関心を寄せるかということを、自分の生身を使って、つまり実験の被験者として、克明にデータ収集したいと考えたのだった。いまから思えば、発達障害者の僕が、被験者としてふさわしいサンプルかどうかは疑問が残るけれど、しかし結果的には稀少なサンプルを提供できたかもしれない。

二〇代のころ、京都大学の大学院人間・環境学研究科というところに在学していて、さまざまな国から来た留学生と交流するうちに、最初はものすごくふくらんでいた海外に対する不安が溶けてゆき、自分でも彼らの母国について理解を深められるようになりたいと思った。地球人として生まれたのに、地球の別の場所に住む人々をほとんど知らずに死んでいくのは残念だと考えたのだ。そうして二〇代の後半から数年間、ひっきりなしにいろんな場所に行くようになる。三〇代になってからは、その衝動は一段落し、熱はゆっくりと冷却されていったから、この本で書いたことは、私が若いころに埋めたタイムカプセルを開封するようなもの。いや、より正しく言えば、一度は埋葬していたものを掘りおこす墓暴きのようなものかもしれない。

旅行熱が落ちついていった三〇代はあっというまに過ぎ、四〇歳になった年に、発達障害の診断を受けた。診断を受けなければ、人生の最後の瞬間まで「ああ横道誠さん？ちょっと変わった人でしたよね」というあたりで終わったかもしれないのに、診断を受けて障害の当事者だということがはっきりし、困惑がないと言えば嘘になる。

でも診断を受けたことで、いままでの僕の人生で経た多種多様な経験に、新たな光を当てられることに気がついた。そうして過去を洗いだしていくと、僕の人生は、それまでとは違った意味合いを放つようになっていった。本書を書きながら、墓暴きはつらいと苦しみつつ（はっきり言って、かなりの難産でした）、過去の記憶を生きなおしているような不思議な感慨も得られた。「この特性のせいで、あのような感じ方をしていたのか!」、「あのときの失敗はこれが理由だったのか!」、あるいは「それであんなにも得がたい体験を享受できたのか!」といったことが、ようやくわかるようになってきた。僕は遅まきながら、人生の真実を生きなおしたと言える。これを書いているいま、僕は発達障害の診断を受けてから初めての海外生活を送っている最中だ。診断を受ける前の体験とどのように変わったか。それはまた別の機会に報告できると思う。

本書には、さまざまな引用が埋めこまれている。先行するふたつの著書『みんな水の中』と『唯が行く!』では、外国語の文献を引用するときには、すべて拙訳を利用した。翻訳作業には本質的な治癒効果があると感じていたからだ。しかし、すぐれた既訳が存在する文献は多く、訳者たちの苦労を考えると、それらに敬意を払わなくても良いのだろうかという迷いは大きくなる一方だった。そこで本書では、外国語の文献はすべて既存の翻訳から引用している。

編集を担当してくれた山本さんの積極的かつ俊敏な支援のおかげで、難産なのに執筆依頼から刊行まで、企画の全体を力強く推進させることができた。実際にはかなりの速度で完成に至ったものの、僕は、山本さんが編集者でなければ、この本はどれほど時間が経っても完成しない本だったのではないか、と考えている。改めて、ありがとうございました。

校正を担当してくれた坂本文さん。僕の文章と知識を良い意味で恥じいらせてくれる、すばらしい校正をしてくださいました。ゲラ作業に取りくんでいて、これはパッとしない女の子を見違えるほどに生まれ変わらせてくれるドレッシングルームみたいなものなんだなと気づくことができた。冴えない自分の文章が、坂本さんと山本さんによる支援（ダメ出し）によって、限界まで整えられ、洗練されていく。一度、二度、三度とドレスアップされる。そうして僕の言葉はお披露目の場に出られる姿になった。自分の可能性の限界を超えた美しさをまとって。僕は、古典的な少女マンガの熱烈なファンだから、このような感じ方をしてしまうのだ。

装丁を担当してくれた鈴木千佳子さん。『保健室のアン・ウニョン先生』（チョン・セラン著、斎藤真理子訳、亜紀書房）、『牧師、閉鎖病棟に入る。』（沼田和也著、実業之日本社）、『水中の哲学者たち』（永井玲衣著、晶文社）などで、何度も眼を見張ってきたデザイナーにこの本を手がけてもらえて、感謝のきわみでした。

最後に、読者のみなさん。私の凸凹した世界周航記を、楽しんでくださると、うれしいかぎりです。

二〇二二年三月　ウィーンにて

横道誠

文庫版あとがき

私はこれまでに（単著と、じぶんが中心になった編著・共著だけで）三〇冊近くの著書を送りだしてきたけれども、振りかえってみると、もっとも難産だったのは、あきらかに本書（単行本のときの書名は『イスタンブールで青に溺れる――発達障害者の世界周航記』）だ。

どうして難産だったかといえば、理由はとても単純で、本書に記した思い出は、もはや思いだしたくないようなつらい経験のかずかずに囲繞《いにょう》されているからなのだ。本書では、そのようには見えないように、晴れやかな印象を与えるように努めた。しかし実際には、私は本書に書いた旅行をよくやっていた頃、人生にすっかり行きづまってしまっていて、多数の海外旅行を起死回生の思いでこなしていた。そして海外経験を積むことによって、人生の新生面を切りひらきたいという私の望みは、ほとんど全面的に失敗した。

本書の初稿を書いていたとき、わりとはじめのあたりで、フランツ・カフカの短編小説『流刑地にて』からの引用を試みたりした。一二時間かけて金属針による処刑をおこなう残虐な拷問機械が登場する小さな物語だ。なぜそのような引用をしようとしてしまったかというと、本書を書く作業はそのくらいつらく苦しく、悩ましいものだったから で、拷問死の引用は、その心象風景の反映にほかならなかった。

私の著作群は、ある本で途中まで書いたテーマをべつの本で再開するとか、ある本で提示したモティーフをべつの本で反復するとかいった様相を頻繁に見せている。私はもちろんそういうことを――私がファンだったら、そういうことをする著者を好きだと感じるために、ファンサービスの意味を込めて――意識的にやっている。ところが、ここで書いた内容は、ほかの私の本とほとんど連絡していないのだ。本書は横道誠の仕事のなかで、ひそかに孤立している。脱稿したあとも、執筆内容に改めて立ちかえる作業は、私にとってあまりに胸苦しく、避けるほかないものだった。

思うに、以上のとおりの事情によって、本書は私が世に送りだしてきた本のなかで、「最良の一冊」候補に入るだろう。編集者の山本浩貴さんには、ほんとうに支えてもらった。この本ほど編集者に支えられた私の本は、ほかに一冊もない。書籍としてのコンセプトを明確にすることを求められ、書いた原稿をだいぶ捨てさった（一部はあとから、私のべつの本に収録したけれども）。可能なかぎり文章を練ったし、先に記したように私は最近ではそんなにゲラに朱を入れなくなっているのに（ほんとに！）、本書に関しては念校にまで常識外れの朱を入れて、その作業量の膨大さで山本さんを倒れる寸前にまで追いつめてしまった。

本書に感激してくれた読者からであっても、ローマ訪問の場面に記した「廃墟の文体」について、あまりピンと来ないという意見を何度かいただいた。ローマのコロッセオは、青空の下で晴れやかに見えても、歴史の積みかさなりをたくさん呼吸して、ほんとうはなかば窒息死している。私の文体もまたそのように、生きながら死んでいるというのが私の感じ方だ。

念のために言っておくけれども、私は本書が「本質的に暗い」などと主張するつもりはない。極私的な海外紀行の体験にもとづきながらも、さまざまな文学作品のイメージが折りかさなっていき、それが閉じたひとり語りになることなく、他者に対してひらかれていく感覚は、「自閉」を本質とする私が人生で苦闘しながら何度も味わってきた感覚そのものだ。その明るい記憶のかずかずもまた、本書に多数の開口部として設置されている。

本書は刊行後、ブレイディみかこさんをはじめ、眼の肥えた読書家や奇書マニアたちに熱烈に歓迎されたのだが——それに対して、一般読者層からの反応の「微妙さ」については、あえて言及しまい（笑）——、「侵食されながら書く」行為の果てにある地平を指摘してくれた柿内正午さんの書評を紹介しておきたい。柿内さんは「自分の読んできたもの、食べてきたもの、見てきたものに巻き込まれ、侵食されながら書くこと。そうした行為のただなかで自他の区別は明瞭なものではなくなる。あらゆる他者の記述は自分語りになり、あらゆる自分語りは他者へとひらかれていく」(『文學界』二〇二二年七月号)と評してくれた。これこそ本書の方法論、と言うと偉そうだけれども、少なくとも読書というものの快楽と、著述というものの快楽をみごとに言いあてたものになっているのではないか。

本書では、私が「当事者紀行」と呼ぶ、ひとつの新しい文芸のあり方を提示できたと自負している。そのことに胸がふくらむ一方で、本書で取りあげたいくつもの都市の光景はもうどこにもない。ということを思って寂しくもなる。いちばん古いことだと、二〇年ほど前の旅行の経験を記したから、多くの都市の姿はだいぶ様変わりしているだろうし、この本に登場した人のほとんどと私はもはや、交流を保っていない。これこそ発達障害者の孤独な人生、というわけだ。「かつては一〇種類以上の言語を学んでいたのに、いまでは日常的に使用している日本語と、仕事上で必須となるドイツ語・英語以外の言葉は、私の内部ですっかり錆びついてしまっている」。

しばらく前にウィーンに数ヶ月滞在する機会を得て、その経験は『ある大学教員の日常と非日常――障害者モード、コロナ禍、ウクライナ侵攻』(晶文社、二〇二二年)に記した。夜に旧市街をまた幾度となく歩きまわりながら、かつて月面世界に思いを馳せたときの感覚を呼びさまそうとした。四〇代になった私の心臓の内側で、二〇代だったときの私の血液がかすかに鼓動を打った。風化した記憶の余韻だった。あのとき、あの場所で、あの精神性と身体性だったからこそ、なまなましく立ちあがってきた一期一会のイメージがある。それらに哀惜を込めて、このあとがきを締めくくりたい。

二〇二五年一月　日本の京都にて

横道誠

参考文献

◆アップダイク、ジョン『ケンタウロス』、寺門泰彦／古宮照雄（訳）、白水社、二〇〇一年
◆アリオスト、ルドヴィコ『狂えるオルランド（下）』、脇功（訳）、名古屋大学出版会、二〇〇一年
◆アレナス、レイナルド『夜になるまえに』、新装版、安藤哲行（訳）、国書刊行会、二〇〇一年
◆石原吉郎『石原吉郎詩文集』、講談社文芸文庫、二〇〇五年
◆ウルフ、ヴァージニア『波』、森山恵（訳）、早川書房、二〇二一年
◆エーコ、ウンベルト『小説の森散策』、和田忠彦（訳）、岩波文庫、二〇一三年
◆円城塔『文字渦』、新潮社、二〇一八年
◆大江健三郎『個人的な体験』、新潮文庫、一九八一
◆オースティン、ジェイン『高慢と偏見』、大島一彦（訳）、中公文庫、二〇一七年
◆ガルシア＝マルケス、ガブリエル『純真なエレンディラと邪悪な祖母の信じがたくも痛ましい物語――ガルシア＝マルケス中短篇傑作選』、野谷文昭（編訳）、河出書房新社、二〇一九年

◆河島英昭（訳）『ウンガレッティ全詩集』、岩波文庫、二〇一八年
◆日下部吉信（編訳）『初期ギリシア自然哲学者断片集1』、ちくま学芸文庫、二〇〇〇年
◆コルタサル、フリオ『石蹴り遊び』、土岐恒二（訳）、水声社、二〇一六年
◆コレット『青い麦』、河野万里子（訳）、光文社古典新訳文庫、二〇一〇年
◆斎藤環『コロナ・アンビバレンスの憂鬱』、晶文社、二〇二一年
◆サリンジャー、J・D・『ナイン・ストーリーズ』、柴田元幸（訳）、ヴィレッジブックス、二〇〇九年
◆シェリー『対訳 シェリー詩集』、アルヴィ宮本なほ子（編）、岩波文庫、二〇一三年
◆繁延あづさ『山と獣と肉と皮』、亜紀書房、二〇二〇年
◆シャール、ルネ『ルネ・シャール詩集――評伝を添えて』、野村喜和夫（訳著）、河出書房新社、二〇一九年
◆シュレーバー、D・P・『シュレーバー回想録――ある神経病者の手記』、尾川浩／金関猛（訳）、石澤誠一（解題）、平凡社ライブラリー、二〇〇二年
◆ジョイス、ジェイムズ『フィネガンズ・ウェイク』、柳瀬尚紀（訳）、河出文庫、二〇〇四年
◆ジンメル、ゲオルク『ジンメル・エッセイ集』、川村二郎（編訳）、平凡社ライブラリー、一九九九年
◆ゼーバルト、W・G・『土星の環――イギリス行脚』、鈴木仁子（訳）、白水社、二〇〇

七年
◆ソポクレース『アンティゴネー』、中務哲郎（訳）、岩波文庫、二〇一四年
◆高田珠樹『ハイデガー――存在の歴史』、講談社学術文庫、二〇一四年
◆高田里恵子『文学部をめぐる病い――教養主義・ナチス・旧制高校』、ちくま文庫、二〇〇六年
◆高野秀行『辺境メシ――ヤバそうだから食べてみた』、文藝春秋、二〇一八年
◆チェーホフ『かもめ・ワーニャ伯父さん』、改版、神西清（訳）、新潮文庫、二〇〇四年
◆チャペック、カレル『サンショウウオ戦争』、栗栖茜（訳）、海山社、二〇一七年
◆トランボ、ドルトン『ジョニーは戦場へ行った』、信太英男（訳）、角川文庫、一九七一年
◆ネルヴァル『ネルヴァル全集〈I〉文壇への登場』、田村毅ほか（訳）、筑摩書房、二〇〇一年
◆ハイデガー、マルティン『技術とは何だろうか――三つの講演』、森一郎（編訳）、講談社学術文庫、二〇一九年
◆ハイヤーム、オマル『ルバイヤート』、改版、小川亮作（訳）、岩波文庫、一九七九年
◆パス、オクタビオ『弓と竪琴』、牛島信明（訳）、岩波文庫、二〇一一年
◆埴谷雄高『死霊II』、講談社文芸文庫、二〇〇三年
◆原民喜『原民喜全詩集』、岩波文庫、二〇一五年

◆ハン・ガン『すべての、白いものたちの』、斎藤真理子（訳）、河出書房新社、二〇一八年
◆東雅夫（編）『怪獣文学大全』、河出文庫、一九九八年
◆プーシキン『本邦初訳 プーシキン詩集』、草鹿外吉ほか（訳）、青磁社、一九九〇年
◆フォルスター、ゲオルク『17・18世紀大旅行記叢書【第II期】7 世界周航記 上』三島憲一／山本尤（訳）、岩波書店、二〇〇二年
◆藤枝静男『田紳有楽・空気頭』、講談社文芸文庫、一九九〇年
◆古井由吉『杳子・妻隠』、新潮文庫、一九七九年
◆プルースト『失われた時を求めて8 ソドムとゴモラI』、吉川一義（訳）、岩波文庫、二〇一五年a
◆プルースト『失われた時を求めて9 ソドムとゴモラII』、吉川一義（訳）、岩波文庫、二〇一五年b
◆ブローティガン、リチャード『アメリカの鱒釣り』、藤本和子（訳）、新潮文庫、二〇〇五年
◆フローベール『感情教育（上）』、太田浩一（訳）、光文社古典新訳文庫、二〇一四年
◆ペトラルカ『カンツォニエーレ 俗事詩片』、池田廉（訳）、名古屋大学出版会、一九九二年
◆ヘミングウェイ『われらの時代・男だけの世界——ヘミングウェイ全短編1』、高見浩

（訳）、新潮文庫、一九九五年
◆ペレック、ジョルジュ『煙滅』、塩塚秀一郎（訳）、水声社、二〇一〇年
◆ベンヤミン、ヴァルター『ボードレール 他五篇』、野村修（編訳）、岩波文庫、一九九四年
◆松浦理英子『ナチュラル・ウーマン』、河出文庫、二〇〇七年
◆宮崎駿『風の谷のナウシカ』7巻、徳間書店、一九九五年
◆村上春樹『ノルウェイの森』、講談社文庫、二〇〇四年
◆モンゴメリ『アンの青春——赤毛のアン・シリーズ2』、村岡花子（訳）、新潮文庫、二〇〇八年
◆ライプニッツ『モナドロジー 他二篇』、谷川多佳子／岡部英男（訳）、岩波文庫、二〇一九年
◆綿矢りさ『ひらいて』、新潮文庫、二〇一五年

解説　この本が単なる旅行記ではない理由

ブレイディみかこ

唐突だが、わたしの配偶者は50代になってADHDの診断を受けており、「いまさらそんなことがわかってもなー」とぼやいていた人間だが、それでも診断を受けてよかった点があるとすれば、子ども時代や若い頃に自分が経験した様々なストラグルの理由がわかったような気がすることだと言っていた。

そんな彼と旅行をするのは、(本人には言っていないが)けっこう大変だったりする。息子と3人で家族旅行をする時でも、わたしと息子は次の観光スポットに向かうためにさっさと歩き出し、「この道を辿って、なるほど、この丘の下側に入って行くことになるのだろうか」などとグーグル・マップを確認しているのに、はっと気づくと配偶者の姿が見えない。ふつうこういう時にいなくなるのは子どもだと思うが、わが家の場合は父親がいなくなるのだった。それで道を戻ったり、付近を探しに行ったりすると、案の定、彼は立ち止まってじっと何かを見つめながら(それは一本の木だったり、鳥だったり、路傍の石だったりする）ぼーっと静止している。

「あ、また別の世界に行っている」

「うん。完全に、そうだね」

息子とわたしは頷き合い、そのままその姿を見守ったり、「時間がないから行くよ」と急かしたりするのだったが、診断が下る遥か前から、配偶者はわたしたちと明らかに何かが違うことをわたしたちは知っていた。

ニューロダイバーシティという言葉が一般的にも使われるようになってから、「まさにそれよ！」と膝を打ちたくなったのだったが、われわれの家庭でも、わたしと息子はニューロマジョリティであり、配偶者はニューロマイノリティだった。日常生活の中でもそれを強く感じる場面はあるのだが、やはりそれがはっきりと表出してくるのは、24時間ずっと一緒にいて、共に観光という事業を成し遂げる旅行の現場だ。

あの、旅行中に静止して動けなくなるとき、配偶者はいったい何を考えているのだろうか。そのことをわたしはずっと知りたかった。ぼーっとしているというか、何かにさらわれて抜け殻だけがそこに残っているようにすら見える瞬間、彼の頭の中でいったい何が起きているのだろう。

少し垣間見たように思えたのは、『嗅ぐ文学、動く言葉、感じる読書　自閉症者と小説を読む』（ラルフ・ジェームズ・サヴァリーズ著、岩坂彰訳、みすず書房）を読んだときだった。同著は、ニューロマイノリティ（ここでは、現在「自閉症者」と呼ばれている人々）の人々の読書体験とはどのようなものなのかを文学教授が観察し、記録したものだった。それは、共感力に欠けるとか、想像による遊びができないとかいう、「自閉症者」に対する有害なステレオタイプを打ち崩すような一冊で、このような人々がいかに濃厚かつ鋭敏で、ユニークな感受性を持ってディープな読書体験を楽しんでいるかが明らかにされていた。読みながら、きっと配偶者も、わたしや息子よりも濃厚かつディープにその場の風景や匂いや音を味わっているのだろうと考えた。

そして本書を読んだ時、わたしはその状況をはっきりと見せてもらった気がした。

まず驚いたのは、その状況の絢爛豪華さだった。別に横道さんの旅のスタイルがリッチで豪華というわけではない。そうではなく、ここにしたためられている文章の一つ一つと、そこから立ち上がるイメージのレイヤーが豊潤なのである。この世ならぬ静寂と美のイメージを見せられた気分になっていると、次の段落には、いやふつう、そこには飛ばないでしょうというかいきなりの展開があり、爆笑してしまう。カサブランカのホテルに向かう道が砂漠になり、それがムーミン谷の吹雪の世界になって月面に接続し、ルドヴィーコ・アリオストの『狂えるオルランド』を思い出すという幽玄なイメージに酔っていると、トルコで『風の谷のナウシカ』を思い出したのは、同作に登場する国家の一つが「土鬼《ドルク》」で「トルコ」と響きが似ているから、などというオヤジギャグみたいなことが平気で書かれている。本を読むって、こんなに忙しいっていうか、刺激的な体験だったのかと思った。またそれを、無理やりの継《つ》ぎ接《は》ぎ感なく、シームレスに読ませてしまう文章は明らかに異才だ。才走った文体、とはよく言うが、横道さんの文体の才気は、走るどころかマッハのスピードで縦横無尽に地球上をワープ移動している。

「僕はいつも、ほかの多くの人よりも風景や創作物に激しく揺さぶられている気がしていた」「この障害が立ちあげる『みんな水の中』の体験世界に包まれ、生きているからこそ、それが解消される特権的な瞬間に、心身が激しく揺さぶられるのではないか」

横道さんはこんな風に書いているが、配偶者も旅に出るとその「特権的な瞬間」に出会い、激しく揺さぶられているから抜け殻になるのかもしれない。旅先で目にする、わたしや息子からすれば何ということもない風景や聞こえる音や匂いから、一斉にぶわーっと頭の中にいろんなものが立ち上がってきて、その洪水に打たれて動けなくなっているのかもしれないのだ。

本書はニューロマイノリティの当事者研究本でもあるが、わたしのような当事者の身近にいる人間にとっても、当事者の体験を知る貴重な機会を与えてくれるものだ。そして言うまでもないが、世界を周遊する旅行記でもある。多彩なイメージがレイヤーになって立ち上がってくる横道さんの文章と同様、この本自体が、様々なジャンルを一冊の中に重層的に立ち上げており、文学や芸術、そしてポップカルチャーについて書いた評論エッセイでもあり、一人の青年の成長物語としても読める。文章から立ち上がるイメージも豊潤なら、本書がカバーするジャンルもまた幅広く豊かなのだ。この本を読んでしまったら、書店のどこに並べたらいいのかわからなくなる書店員さんは多いはずだ。
考えてみれば、伝統的な本のジャンル分けそれ自体が、ニューロマジョリティによる分類だったのである。それを軽々と超えてくる書物がマジョリティではないところから出てくるのは、当然のことなのだ。

（作家）

文春文庫

発達障害者《はったつしょうがいしゃ》が旅《たび》をすると世界《せかい》はどう見《み》えるのか

イスタンブールで青《あお》に溺《おぼ》れる

定価はカバーに
表示してあります

2025年3月10日　第1刷

著　者　横《よこ》　道《みち》　誠《まこと》
発行者　大沼貴之
発行所　株式会社　文藝春秋

東京都千代田区紀尾井町 3-23　〒102-8008
ＴＥＬ 03・3265・1211㈹
文藝春秋ホームページ　https://www.bunshun.co.jp

落丁、乱丁本は、お手数ですが小社製作部宛お送り下さい。送料小社負担でお取替致します。

印刷・TOPPAN クロレ　製本・加藤製本
Printed in Japan
ISBN978-4-16-792348-8